Libro de
ORACIONES
CIENTÍFICAS

24-Ene-10

Hermanita:

Este libro te guiará en
todo momento que lo necesites.
Con la oración encontrarás
amor, paz, consuelo y sobre
todo te darás cuenta lo
valiosas que somos para Dios.
Reposa en él y encontrarás
la felicidad y salud.

Te quiere
tu hermana
Blanca

Libro de

ORACIONES

CIENTÍFICAS

**Libro de autoayuda personal.
Cómo orar científicamente para la realización
de cada oración.
Las fallas son humanas, no del Principio.
"Cuando ores cree que recibirás y así será hecho",
tan simple como esto.**

Alida y José L. Sosa, M.RScP.

Grupo Editorial Tomo, S. A. de C. V.
Nicolás San Juan 1043
03100 México, D. F.

1a. edición, septiembre 2004.
2a. edición, julio 2005.
3a. edición, marzo 2006.
4a. edición, febrero 2007.
5a. edición, noviembre 2007.
6a. edición, agosto 2008.

© *Libro de Oraciones Científicas*
Alida y José L. Sosa, M.RScP.

© 2008, Grupo Editorial Tomo, S.A. de C.V.
Nicolás San Juan 1043, Col. Del Valle
03100 México, D.F.
Tels. 5575-6615, 5575-8701 y 5575-0186
Fax. 5575-6695
http://www.grupotomo.com.mx
ISBN: 970-775-009-X
Miembro de la Cámara Nacional
de la Industria Editorial No 2961

Diseño de Portada: Trilce Romero
Formación Tipográfica: Rafael Rutiaga
Supervisor de producción: Leonardo Figueroa

Impreso en México - *Printed in Mexico*

ÍNDICE

SEGUNDA PARTE

PARTE III

PREFACIO

I

¿Qué es Oración? El Dr. Ernest Holmes en su libro de texto *La Ciencia de la Mente* nos dice: "La oración es el movimiento del pensamiento dentro del que está orando a lo largo de una línea de meditación con un propósito definido". En lo personal, te digo que si usas este *Libro de Oraciones Científicas*, no pienses que estás orando para que Dios te escuche o para hacerlo cambiar de opinión, ni lo vas a conmover con tus oraciones usando palabras bonitas y elocuentes. Nada de esto. Tú estás orando para cambiar tu actitud hacia una aceptación y receptividad de que todo lo bueno que deseas ya te ha sido dado.

La forma correcta de usar la verdadera oración de fe, es dar gracias anticipadas por algo que aún no vemos manifestado en nuestra vida. En el mundo espiritual ya existe todo lo necesario que podamos requerir para vivir una existencia a plenitud. Nuestra parte es orar para poder traer a manifestación esas cosas que deseamos, y cuando lo hacemos correctamente, nada puede impedir que lo realicemos.

Hemos llamado a este libro de oraciones científicas porque ya están probadas no solamente por nosotros, sino por muchas personas. Lo que significa que si tú lo haces como se te indica, estarás usando la forma correcta; y el Principio que has accionado te dará el resultado idéntico a tu fe, creencia y convicción. Cuando hablamos de Principio nos referimos a la Ley Mental que no sabe ni reconoce de fallas. Nadie ha visto este Principio, sin embargo, todos nosotros lo usamos en diferentes formas y maneras. El químico lo utiliza al usar la fórmula H2O y siempre obtiene el resultado de agua. El matemático suma 3+3 y siempre obtiene como resultado 6. El físico arroja un objeto al aire y éste siempre cae. Del mismo modo que ellos hacen esto, asimismo nosotros podemos hacerlo y obtendremos también el mismo resultado. No importa que nunca lo hayamos hecho. Los principios nunca cambian y son universales, a todos por igual nos dan el resultado de acuerdo con el uso que hagamos de ellos.

Nosotros, de todo corazón, compartimos contigo estas oraciones para que las pongas en práctica y tu vida cambie como ha cambiado la nuestra; para tener una calidad de vida, la cual, todos merecemos vivir. Estoy segura que el Principio –que es Dios— igualmente te responderá a ti como lo ha hecho con nosotros y con todos los que las han hecho. Con amor y bendiciones.

Alida
Primavera 2004.

II

Indudablemente que la oración puede cambiar cualquier cosa que se desee. A través de la oración podemos tener una vida saludable, alegre, feliz, con éxito y abundancia. Por medio de la oración personal, nosotros podemos dialogar con nuestro Creador.

Como nuestro Padre Celestial es personal para cada cual, nadie puede contactarnos con Él, solamente nosotros mismos podemos hacerlo. Del mismo modo que nadie puede pensar por otro, asimismo sucede con este diálogo. A todos, desde nuestra infancia, nos han hablado acerca de Dios. Como hay diferentes religiones, entonces depende cuál de ellas se practicaba en el hogar donde crecimos, para saber cómo nos forjamos nuestro propio concepto acerca de Dios. Cada religión enseña a su manera la relación que hay entre el Creador y Su creación —nosotros.

Fuimos creciendo y, lógicamente, empezamos a razonar y analizar e hicimos cambios de lo que consideramos que no nos beneficiaba. Elegimos diferentes cosas que ahora sabemos que son mejores que otras, cambiamos de partido político, nos cambiamos de ciudad, luego nos cambiamos de colonia, y así sucesivamente fuimos haciendo cambios continuos, pero nuestra creencia acerca de Dios, en esa por lo general no hacemos ningún cambio. Si se te enseñó que Él estaba en el cielo y tú acá abajo en la tierra, y no has hecho cambio alguno respecto a esta creencia, esto quiere decir que te encuentras mentalmente "separado" de Él. Esta separación aparente ha originado que tengas muchas dificultades porque todo lo quieres hacer con tu propio esfuerzo. No te has dado cuenta que lo que hace mover tu cuerpo es el Espíritu Divino o vida que está en ti, individualizada como tú —Dios mismo expresándose a través de ti cuando se lo permites.

Al reconocer que eres Hijo de Dios, entonces estás aceptando que eres como Él, Espíritu. Y para poder comunicarte con tu Padre espiritual, naturalmente que debe ser en forma espiritual, es decir, mentalmente; por medio de la oración.

Nuestro propósito al escribir este libro es darte una guía o método para que uses las oraciones en forma correcta. Si fuiste instruido para pedirle a Dios cuando estabas en necesidad, entonces tienes que cambiar ese hábito o actitud. Ahora tienes que empezar a agradecer por todo lo que tienes. ¿De dónde crees que proviene el dinero que usas para hacer las compras de lo que tienes? Probablemente dirás: Pues de mi trabajo, o de papá, o de alguien más. Desde luego que así es, pero detrás de todo esto está Dios. Ha sido Él a través de tu trabajo, tu papá o alguien más quien te ha provisto del dinero. Lo creas o no, lo aceptes o no, esta es la verdad.

Cuando empezamos a agradecerle a Dios por todo lo generoso que ha sido con nosotros, entonces estaremos abriendo la puerta —nuestra mente— para recibir aún más de lo que tal vez no merezcamos por no agradecer. Como nuestra vida es Su vida, naturalmente Él no puede dejar de proveerla, sería tanto como olvidarse de Sí mismo y esto no es posible. Como tenemos diferentes "necesidades", asimismo debemos de usar diferentes oraciones. Para orar no necesariamente tenemos que estar en alguna posición especial o ir a una iglesia, quemar incienso o encender velas. Nada de eso. Orar es mantener nuestro pensamiento enfocado en ver sólo lo bueno y lo bello. Pensar correcta y positivamente, es también una forma de oración. Claro que hay formas especiales para ciertas cosas que queremos cambiar o necesidades que cubrir.

Cuando oramos elevamos nuestra conciencia de lo humano a lo divino, trascendemos lo material y nos unimos a lo espiritual donde reinan la armonía y la paz. Realmente nos beneficia grandemente el orar, porque además de ayudarnos a hacer cambios en nuestra vida, crecemos espiritualmente y cada vez veremos con más sencillez que con tan sólo desear las cosas, ellas nos llegan, pues *"Es el placer del Padre darnos el reino"*.

Prof. José
Primavera 2004.

ABUNDANCIA; MI HERENCIA DIVINA

Todos somos hijos de nuestro Padre-Espiritual-Dios. Razón por la cual también somos herederos de Sus riquezas y abundancia sin fin. Si no hemos disfrutado de esto es porque no lo hemos reconocido ni reclamado. Es mucha la gente que no cree esta Verdad, en cambio se sienten que no son merecedoras de vivir una vida rodeada de abundancia y de todo lo bueno. Indudablemente que ellas fueron programadas de distintas maneras para que se sintieran "poca cosa" o no merecer nada. Ya sea en el seno familiar, la religión, influencia o sugestión de otros, ellas no supieron o no tuvieron la madurez necesaria para rechazar toda esa falsa creencia, y esto es el porqué están sufriendo escasez y limitación, pudiendo vivir una mejor clase de vida. Pero no importa cómo haya sucedido, lo que verdaderamente debes de tomar en cuenta es que en este mismo momento tú puedes echar abajo esa barrera mental que inconscientemente pusiste. Ahora abre los canales y medios para que fluya hacia ti la abundancia que te corresponde tener, como un derecho divino. Para que esto ocurra tienes que hacer tu reclamo afirmando lo siguiente:

"HOY, YO (*Menciona tu nombre completo*) ACEPTO TODA LA ABUNDANCIA QUE MI PADRE CELESTIAL TIENE PARA MÍ.

"YO AHORA ABRO Y ENFOCO MI MENTE Y PENSAMIENTO HACIA MI NATURALEZA DIVINA.

"TODOS MIS BLOQUEOS MENTALES SON AHORA TRANSMUTADOS PARA QUE FLUYA HACIA MÍ LA ABUNDANCIA, ABUNDANCIA Y MÁS ABUNDANCIA.

"YO GUSTOSAMENTE Y CON GRATITUD ACEPTO TODO LO BUENO QUE EL UNIVERSO TIENE PARA MÍ AHORA.

"MI PADRE-DIOS ES MI PROVEEDOR. ÉL ES TODO LO BUENO QUE HAY Y EXISTE. TODO PROVIENE DE LA FUENTE INAGOTABLE QUE ES ÉL.

"GRACIAS PADRE, POR LA ABUNDANCIA QUE YA NOS HAS DADO PARA TODOS DISFRUTARLA Y VIVIR CON ALEGRÍA COMO SON TUS DESEOS.

"CONSCIENTEMENTE YO CREO Y ACEPTO TODO ESTO CON GRATITUD, SABIENDO QUE ASÍ ES".

BENDICIÓN DE LOS ALIMENTOS

La bendición siempre nos beneficia. Es por esto que el gran maestro Jesús nos dijo: *"Bendice a tus enemigos y ora por los que te aborrecen".* Quizá esto te parezca ilógico y difícil de hacer. Alguien podría decir: "Yo no puedo bendecir a mi enemigo, pues me ha hecho mucho daño; mucho menos a quien me odia o aborrece". Pero el maestro nos habla de la bendición como un medio de protección, en otras palabras, al bendecir a tu eventual enemigo estarás formándote una "coraza" invisible a tu alrededor en la cual rebotarán las malas vibraciones que él pueda enviarte y a las cuales no les diste cabida. En su lugar lo bendijiste, y al hacerlo le deseaste el bien. Tú debes saber que todo lo que sale de ti, regresa a ti multiplicado. En este caso recibirás bendiciones.

Esto es respecto a personas. Y también funciona cuando bendecimos a las cosas que llamamos inanimadas. Ellas responden a nuestra bendición ya sea durándonos más tiempo, dándonos un mejor servicio, o haciendo que todo redunde en nuestro favor. Así pues, te invitamos para que hagas en ti un buen hábito de bendecir los alimentos antes de tomarlos. Hay mucha gente que acostumbra dar gracias ya que han terminado de comerlos, y esto claro que no es malo, pero para nosotros funciona mejor y nos beneficia más cuando agradecemos por ellos y los bendecimos antes de ingerirlos.

Cuando hacemos esto, nunca nos van a causar ningún daño, y siempre tendremos una buena digestión, asimilación y eliminación. Además, si algún alimento estuviera dañado y no nos damos cuenta, "algo" nos va a decir que no lo tomemos, y si ya lo hemos comido, nos provocará un vómito para arrojarlo. Igualmente puede suceder que, sin aparente razón, en ese momento cambiamos de opinión y decidimos comer otra cosa. El poder de la bendición hace "milagros" y nos mantiene siempre protegidos de todo daño.

Una vez establecido el hábito de bendecir los alimentos, automáticamente lo hacemos, no importa dónde nos encontremos, ya sea en un restaurante o en la casa de algún amigo. Si no hay mucha confianza, puedes decir mentalmente la oración mientras te acomodas tu servilleta o los cubiertos. Si las personas que te acompañan son de la familia no habrá problema porque ellas también pueden participar contigo haciéndola juntos o, si lo prefieren, hacerla cada cual. Lo importante es que den el primer paso y al ver los resultados se van a sentir felices. Mental o audiblemente, di:

"YO RECONOZCO QUE DIOS ES MI FUENTE INFINITA E INAGOTABLE DE PROVISIÓN Y TODO BIEN.

"PADRE CELESTIAL, BENDICE ESTOS ALIMENTOS QUE ME HAS PERMITIDO TOMAR DE TU ABUNDANCIA INFINITA.

"BENDICE A LAS MANOS QUE LOS HAN PREPARADO RICAMENTE Y CON AMOR.

"YO RECONOZCO A TU SUSTANCIA DIVINA Y LE DOY GRACIAS POR HABERSE MANIFESTADO AHORA EN FORMA DE ESTOS ALIMENTOS,

LOS CUALES NUTREN MI CUERPO QUE ES TU TEMPLO SANTO EN MÍ.

YO ASÍ LO CREO, YO ASÍ LO ACEPTO CON GRATITUD, SABIENDO QUE ASÍ ES".

Nota importante: Si se hace cuando hay dos o más personas, tiene una pequeña variante. Debes hacerlo hablando en plural, por ejemplo: En vez de decir, "Dios es mi Fuente Infinita", dices: "Dios es nuestra..." Luego: "Bendice estos alimentos que me has", dices: "Que nos has permitido..." Y: "Yo reconozco a tu", dices: "Reconocemos a tu..." Enseguida, "Le doy gracias por", dices: "Le damos gracias por..." Luego: "Nutren mi cuerpo", dices: "Nutren nuestro cuerpo..." Y: "Tu templo santo en mí", dices: "Tu templo santo en nosotros". Y finalmente, "Así lo creo", dices: "Así lo creemos y lo aceptamos con..."

También te sugerimos que siempre que vayas a tomar tus alimentos te des tiempo suficiente para disfrutarlos y saborearlos. Asimismo, nunca hables de cosas negativas durante tus comidas. Hazlo con alegría, esto hará que todo funcione en orden divino. Olvídate de dietas, esta oración te mantendrá siempre sano y en el peso correcto y perfecto para tu cuerpo.

BENDICIÓN DEL AUTOMÓVIL

Como ya dijimos, nuestra bendición hace que las cosas que poseemos nos den más y mejor servicio, por eso debemos de bendecir también nuestro automóvil o vehículo en el cual nos transportamos o movemos a todas partes, ya que éste es una Idea Divina. Esta Idea materializada a través de la mente del hombre es sin duda alguna perfecta. En nuestra anterior creencia acerca de la bendición pensábamos que solamente los sacerdotes o personas religiosas podían dar una bendición o bendecir algo. Ahora, sabemos que Dios nos ha dado a todos el poder para bendecir las cosas. Jesús, El Cristo nos dice en su declaración: *"Se me ha dado poder en el cielo y en la tierra"*. Metafísicamente interpretada, quiere decir que si estamos unidos espiritualmente como él lo estaba cuando lo dijo, entonces también tendremos el mismo poder espiritual —"en el cielo"—, y podemos usar este poder para bendecir lo terrenal o lo ya manifestado como cosas —"en la tierra". El Maestro también nos dice: *"Las cosas que yo hago, él las hará también. Y cosas más grandes hará sin tan solo cree"*, refiriéndose a cualquiera de nosotros. En el libro *Jesús el Gran Maestro Metafísico* (editado por Grupo Editorial Tomo) se explica un poco más acerca del poder que Jesús usó para realizar los llamados "milagros" y dijo que este mismo poder todos lo poseemos. Que no tenemos que buscarlo fuera porque él es parte integrante de nuestro ser; él es quien hace que todas las cosas que experimentamos sucedan. Para unificarnos con este poder y utilizarlo correctamente sólo se requiere que lo reconozcamos como Jesús lo hizo. Él lo llamó, El

Padre y yo somos uno; y dijo: *"Yo por mí no hago nada, es el Padre en mí, el que hace las obras".* Tú puedes probarlo diciendo: Yo reconozco una sola Presencia y un solo Poder, Dios, y yo (mencionas tu nombre completo) soy uno con Él. Sintiendo esta Verdad, entonces estarás usando el mismo poder que usó el Maestro, porque en la unidad espiritual ya no es tu persona quien realiza las obras sino "El Padre que mora en mí, Él hace las obras". Tenemos muchos testimonios respecto a la bendición y sus magníficos resultados. Nos llevaría muchas páginas decírtelos, pero permítenos compartir el del terreno y la construcción de nuestra casa.

Cuando adquirimos el terreno, diariamente agradecíamos a Dios por habernos provisto lo necesario para su compra y también lo bendecíamos. Después del reconocimiento y nuestra unificación decíamos así: *"Este es un magnífico terreno en el cual construiremos nuestro nuevo hogar, el hogar perfecto para nosotros, los hijos de Dios. Él lo bendice a través de nuestras palabras y nos sigue proveyendo de todo lo necesario para su feliz realización. Así lo creemos y aceptamos con gratitud, sabiendo que, Así Es. Amén".* Cuando se inició la construcción, igualmente seguimos bendiciéndolo todo. Al arquitecto por su hermoso diseño, al contratista por su honestidad y cuidado de la obra, a los albañiles porque todo lo hacían con alegría y amor; asimismo a los materiales que se estaban usando porque siempre los conseguíamos al precio justo. Sabíamos que era Dios a través de todos ellos quien estaba haciendo posible la feliz realización de nuestro nuevo hogar. En una ocasión ya para terminarla, el contratista nos dice: "Estoy sorprendido cómo se ha desarrollado toda la construcción. La gente no ha fallado a su trabajo, generalmente los lunes no vienen, o llegan tarde. Todos lo han hecho con mucho entusiasmo y han trabajado con mucha armonía; ni siquiera se han reportado enfermos y los mismos que empezaron están por terminar. En cambio, en otras construcciones que tengo empezadas, faltan seguido y sin avisar o se enferman cada rato. Se pelean unos con otros y siempre hay despidos. En cambio aquí hasta con gusto venimos todos".

Nosotros sabemos que es la bendición la que hace la gran diferencia. Tú también lo comprobarás cuando bendigas tu automóvil y le agradezcas por el buen funcionamiento de su motor y todas sus partes, así como por el buen servicio que te proporciona. Verás que no habrá fallas si también le das un buen mantenimiento.

Cuando vayas a hacer la bendición, es muy importante que te tomes un tiempo especialmente para esto. Debes de estar muy tranquilo, sereno, relajado, muy consciente del acto que vas a realizar, sobre todo con un gran sentimiento de gratitud porque Dios se expresará a través de ti para su bendición. Sentado muy cómodamente dentro del vehículo afirmas muy pausadamente la siguiente oración:

"YO RECONOZCO QUE LA ÚNICA PRESENCIA
Y EL ÚNICO PODER QUE EXISTE EN EL UNIVERSO
ES DIOS; Y YO: (*Menciona tu nombre completo*)
SOY UNO/A CON DIOS.
EN MI CONCIENCIA DE UNIDAD CON DIOS, YO
REALIZO Y DECLARO QUE ESTE AUTOMÓVIL
(*Menciona sus características*) ES UNA IDEA DIVINA
EXPRESADA, POR LO TANTO ES PERFECTO EN
TODAS SUS FUNCIONES Y PARA LO QUE FUE
HECHO. LA MANO DE DIOS CONDUCE ESTE
AUTOMÓVIL A TRAVÉS DE SU CONDUCTOR Y ÉL

(o *ella*) SIEMPRE SERÁ GUIADO/A CON ABSOLUTA SEGURIDAD. LA SABIDURÍA DIVINA ESCOGE LA RUTA APROPIADA Y ABRE EL CAMINO PARA LLEGAR SIEMPRE A TIEMPO A SU DESTINO. LA LEY DEL ORDEN Y DEL AJUSTAMIENTO CORRECTO SE MANIFIESTAN EN TODO SU MECANISMO, HACIÉNDOLO FUNCIONAR EN PERFECTAS CONDICIONES. DIOS A TRAVÉS DE MÍ LO BENDICE AHORA. NO HAY TEMOR EN SUS OCUPANTES PORQUE EL AMOR Y LA PRESENCIA DIVINA DIRIGE SUS VIAJES BENDICIÉNDOLOS CON SU ESPÍRITU DE PAZ, AMOR Y ALEGRÍA. EL CONDUCTOR DE ESTE VEHÍCULO SIEMPRE VA GUIADO POR EL ESPÍRITU DE SABIDURÍA, EL CUAL MORA EN ÉL. EL ESPÍRITU LE INSPIRA A TOMAR VIGILANCIA, BUEN JUICIO Y DECISIONES RÁPIDAS ANTE CUALQUIER SITUACIÓN. LA PACIENCIA DE DIOS LE INFUNDE A ESTE CONDUCTOR MODERACIÓN Y CORTESÍA EN TODO MOMENTO. EL AMOR DIVINO LE HACE VELOZ EN EL SERVICIO DE CRISTO, Y LENTO PARA RESPONDER A IMPULSOS NEGATIVOS. EL ESPÍRITU DIVINO ESTÁ Y VA EN ESTE AUTOMÓVIL, DIRIGIÉNDOLO EN TODOS LOS CAMINOS CON RAPIDEZ Y SEGURIDAD.
GRACIAS DIOS POR TUS BENDICIONES PARA NOSOTROS Y ESTE VEHÍCULO.
AHORA DEJAMOS TODO EN TUS MANOS PARA QUE TODO SEA HECHO DE ACUERDO AL ORDEN DIVINO. YO ASÍ LO CREO Y LO ACEPTO CON GRATITUD, SABIENDO QUE ASÍ ES. AMÉN".

Siempre que te subas a tu automóvil y antes de encenderlo afirma: "ESTE AUTOMÓVIL ES UNA IDEA DIVINA, POR LO TANTO ÉL ES PERFECTO EN TODAS SUS FUNCIONES. DIOS VA DELANTE DE MÍ ABRIENDO EL CAMINO, HACIENDO QUE ÉSTE SEA SEGURO Y PERFECTO. AMÉN"

Asimismo, cuando desciendas de tu automóvil afirma: "ESTE VEHÍCULO ESTÁ A CARGO DE DIOS, POR LO TANTO, ÉL PERMANECE SEGURO EN TODO MOMENTO".

No dudes ni por un momento de tu capacidad para bendecir tus cosas. Hay personas que se sienten indignas o piensan que no se merecen tal privilegio, que solamente ciertas personas lo pueden hacer, pero nada de eso es verdad. Todo es creencia. Ante los ojos de Dios, todos somos iguales. Nadie es más ni menos, somos nosotros mismos los que nos menospreciamos o no nos hemos dado nuestro verdadero valor y reconocimiento de quiénes verdaderamente somos. Cientos o miles de veces lo hemos oído o nos lo han dicho, o hasta lo hemos leído: Somos Hijos de Dios, imagen y semejanza de Él. Si esto es Verdad para ti, entonces no te falta nada ni eres menos o más que otro. Tal vez sólo te falta probarlo. ¡Atrévete a hacerlo y lo comprobarás!

PARA BENDECIR EL HOGAR

Cuando oramos para bendecir nuestro hogar, lo llenamos de Amor, Luz y buena voluntad. Al hacerlo con el verdadero sentimiento del Amor incondicional, entonces esta Energía Divina en nosotros echará fuera toda vibración negativa que pudiera haber en él. Ante el Amor nada puede oponerse y Él siempre vencerá lo que sea contrario al Bien. Así como la Luz echa fuera toda oscuridad y tiniebla, así el Amor limpia y purifica todo el ambiente en nuestro hogar. Bendice cada habitación, estancia y cuarto, así como el patio, las plantas y árboles. No dejes ni un rincón de tu hogar sin bendecir. Bendice también su construcción y todo lo que hay en él. En esta forma tú estarás haciendo tu parte y Dios hará la suya manteniendo tu hogar siempre iluminado por Su Luz y Paz.

Cuando vengan personas a visitarte te dirán: "Oye, qué bien se siente uno al estar aquí. Se siente uno con mucha paz". Tú responderás: "Es que la Paz de Dios mora en este hogar y en todos nosotros". Afirma muy pausadamente y con mucha fe:

"EL ÚNICO PODER EXISTENTE ES DIOS Y YO SOY UNO/A CON ÉL. ASIMISMO, TODOS LOS PRESENTES FORMAMOS UNA MISMA UNIDAD CON ESTA FUENTE DE AMOR QUE ES NUESTRO PADRE CELESTIAL.

"ÉSTE ES EL HOGAR DE DIOS Y ÉL LO BENDICE AHORA A TRAVÉS DE MIS PALABRAS.

"EL AMOR DIVINO LLENA ESTE HOGAR, Y SU ESPÍRITU PERMANECE PARA SIEMPRE EN ÉL. ESTA CASA ESTÁ CONSAGRADA A DIOS Y NADA

NI NADIE PUEDE CAUSARLE DAÑO, NI A ELLA NI A NINGUNO DE SUS MORADORES.

"NO HAY TEMOR EN LAS PERSONAS QUE HABITAN ESTA CASA, PORQUE LA PRESENCIA Y EL AMOR DE DIOS LOS PROTEGE SIEMPRE. EL ESPÍRITU DE PAZ Y ARMONÍA PERMANECEN EN ESTE HOGAR POR SIEMPRE Y PARA SIEMPRE.

"TODO EL QUE CRUCE EL UMBRAL DE ESTE HOGAR SERÁ TAMBIÉN BENDECIDO POR EL AMOR DIVINO Y ENCONTRARÁ SU LUZ Y PAZ.

"GRACIAS DIOS PORQUE ESTE LUGAR HA SIDO BENDECIDO, AL IGUAL QUE TODOS LOS QUE AQUÍ MOREN.

"TU LUZ DIVINA PERMANECE POR SIEMPRE ENCENDIDA EN ESTE HOGAR, Y EN ÉL JAMÁS HABRÁ OSCURIDAD.

"ASÍ LO CREEMOS, ASÍ LO ACEPTAMOS CON GRATITUD, SABIENDO QUE ASÍ ES. AMÉN".

Se sugiere hacer esta bendición acompañado de la familia —si no la hay, acompañado de algún amigo. Dios se expresa a través de cada uno de nosotros cuando conscientemente así lo estamos reconociendo. Por esta razón no necesariamente tiene que ser hecha la bendición por un ministro. Todos nosotros somos ministros y canales por los cuales nuestro Creador bendice y hace cosas. No estamos menospreciando la labor que hacen los ministros de las diferentes denominaciones religiosas. De ninguna manera, nuestro respeto y admiración para todos ellos por dedicar su vida al servicio de Dios y Sus obras, cada cual a su manera y comprensión del Eterno y Único Dios.

PARA BENDECIR EL NEGOCIO

Muchas personas creen que sólo en las cosas que consideramos santas o sagradas es donde está Dios. Pero les decimos que también en los negocios interviene Dios cuando clamamos Su Presencia para que lo bendiga a través de nosotros. En esta forma todo negocio es próspero y exitoso permanentemente. Te invitamos a que hagas la prueba, nada vas a perder y sí tienes mucho por ganar, sobre todo el éxito en tu negocio. De la misma manera que bendecimos nuestro hogar para que en él reine la paz y armonía, asimismo lo hacemos en nuestro negocio. Si realmente entendemos que Dios es Omnipresente, Omnisciente y Omnipotente, significa que Él está siempre presente en todas partes —incluyendo nuestro negocio. Él lo sabe todo y Es todo el poder para hacer que nuestro negocio siempre prospere cuando aceptamos Su Presencia y bendición. Ora de la siguiente manera, ya sea solo o en compañía de otros:

"LA PRESENCIA DIVINA ES TODO LO QUE HAY
Y EXISTE, Y YO (*menciona tu nombre completo*)
SOY UNO/A CON ELLA.

"ESTE NEGOCIO LO BENDICE DIOS A TRAVÉS DE
MIS PALABRAS. EN ÉL SÓLO HAY ARMONÍA, AMOR
Y PAZ.

"TODOS LOS QUE TRABAJAMOS EN ESTE NEGOCIO,
ESTAMOS GOBERNADOS POR LA INTELIGENCIA
DIVINA, E INSPIRADOS POR SU AMOR.

"CADA UNO DE NOSOTROS ESTÁ SIENDO GUIADO
HACIA LA ACCIÓN CORRECTA Y ESTAMOS
RODEADOS DE AMOR, AMISTAD, ALEGRÍA
Y VITALIDAD.

"AQUÍ DIARIAMENTE PRACTICAMOS TODO ESTO
Y EXPERIMENTAMOS SIEMPRE PROSPERIDAD
Y BUENA VOLUNTAD.

"NOSOTROS SIEMPRE ESTAMOS CONSCIENTES DE
NUESTRA UNIDAD CON EL INFINITO Y SABEMOS
QUE TODO LO QUE HACEMOS, PENSEMOS O
DIGAMOS, ES GUIADO Y DIRIGIDO POR ESTE
PODER DIVINO.

"TODO LO QUE HACEMOS LO HACEMOS CON
ALEGRÍA Y BUENA VOLUNTAD PORQUE SABEMOS
QUE LO HACEMOS POR Y PARA DIOS.
AL CREER Y ACEPTAR ESTA VERDAD, ÉL SIEMPRE
NOS RECOMPENSA RICAMENTE.

"EN ESTE NEGOCIO LAS IDEAS DIVINAS FLUYEN A
TRAVÉS DE TODOS NOSOTROS, Y POR ESTA RAZÓN
CADA DÍA PROSPERAMOS MÁS Y MÁS.

"GRACIAS DIOS POR BENDECIR ESTE NEGOCIO.
ESTA BENDICIÓN ALCANZA A TODO AQUEL QUE
CRUCE EL UMBRAL DE ESTE NEGOCIO.

"ASÍ LO CREEMOS Y ACEPTAMOS CON GRATITUD,
SABIENDO QUE ASÍ ES. AMÉN".

PARA SANAR NUESTRO ENTORNO "AURA"

Nuestra atmósfera mental o "aura" la forman nuestros pensamientos. Por esta razón, nadie puede cambiar nuestra aura a menos que lo hagamos nosotros mismos —porque nadie puede pensar por nosotros. Algunas personas se dejan influenciar o sugestionar por quienes dicen que poseen el poder para "limpiar" al aura. Nosotros te decimos que nadie tiene poder sobre nosotros, ni tampoco podrán hacer algo para que nuestra atmósfera mental cambie. Por ejemplo, si tú crees esto, seguirás las indicaciones que te dé la persona, y si ella te dice que debes de hacer esto o aquello, ten la seguridad que obtendrás el resultado, pero serás tú mismo quien lo realiza de acuerdo a tu creencia y no porque lo dijo la otra persona. La forma más efectiva para sanar nuestro entorno es saber que el Único Poder es Dios, y que Su poder está tambien en nosotros actuando a través de nuestra fe, creencia y convicción para realizar nuestros deseos o propósitos. Si quieres convencerte por ti mismo de esta Verdad, haz esta oración diariamente por lo menos una semana y experimentarás los resultados.

"YO SILENCIOSAMENTE BENDIGO A TODO EL MUNDO Y A TODOS LOS QUE SE ACERCAN Y ENTRAN A MI ATMÓSFERA.

"NO SOY YO, SINO EL PADRE QUE HABITA EN MÍ QUIEN ME SANA, Y SANA A TODOS LOS QUE ESTÁN A MI ALREDEDOR.

"LO DIVINO EN MÍ ES EL PODER SAGRADO QUE TODO LO SANA Y HACE PERFECTO. ÉL REMUEVE Y DISUELVE DE MI MENTE TODAS MIS DUDAS Y TEMORES, Y DA CONFORT A MI ALMA.

"MI VIDA ES LA VIDA DE DIOS INDIVIDUALIZADA COMO YO, POR CONSIGUIENTE MI CUERPO REFLEJA LA IMAGEN DE PERFECCIÓN QUE ÉL TIENE DE MÍ —SU CREACIÓN.

"GRACIAS DIOS EN MÍ POR ESTA NUEVA PERCEPCIÓN DE TODO LO BUENO QUE ESTÁ A MI ALREDEDOR Y QUE ES TU CREACIÓN DIVINA.

"TODO AQUEL QUE SE ENCUENTRE DENTRO DE MI ATMÓSFERA SERÁ SANADO Y BENDECIDO POR DIOS EN MÍ, AL IGUAL QUE YO.

"YO AHORA ESCUCHO LA VOZ DE LA VERDAD QUE ME DICE: 'LEVÁNTATE Y CAMINA PORQUE TÚ YA ERES SANO, ERES UN SER PERFECTO Y MARAVILLOSO', Y ASÍ ES".

PARA ENCONTRAR
LA CASA IDEAL

Tú, al igual que todos, tienes el mismo derecho divino de vivir en un hogar el cual puedas disfrutarlo, ya sea sólo o en compañía de tu familia o de otros. La Sabiduría Divina jamás podrá mantener al hombre en la indigencia o carencia —Ella no sabe ni conoce limitaciones. Estas creencias provienen de la conciencia racial. Todos y cada uno de nosotros podemos vivir sin angustias, ser prósperos y ricos o tener lo necesario y un poco más. Tú debes saber que nuestras palabras tienen poder, poder para eliminar las viejas y falsas creencias inculcadas en el pasado. Para lograrlo, debes establecer en tu mente ideas positivas y constructivas que te beneficien a ti y a los demás. Si tu necesidad por ahora es encontrar una casa ideal —la casa soñada—, entonces te invitamos para que hagas la siguiente oración. Te sugerimos que al hacerla pongas todo tu sentimiento en cada palabra o frase, toda tu fe, creencia y convicción de que esto que estás afirmando es ya un hecho. Que hay "un algo" dentro de ti que está trabajando sobre tus palabras para que éstas tengan su expresión en lo externo en el tiempo perfecto y correcto. Ora de la siguiente manera:

"YO SÉ QUE EN EL MUNDO DE DIOS SIEMPRE HAY UN LUGAR ESPECIAL PARA CADA UNO DE SUS HIJOS, Y YO COMO SU HIJO/A RECLAMO AQUÍ Y AHORA MI DERECHO DIVINO PARA VIVIR EN ESTE LUGAR ESPECIAL.

"LA INTELIGENCIA DIVINA DENTRO DE MÍ, ME ESTÁ AHORA DIRIGIENDO HACIA LA CASA IDEAL QUE ME HA SIDO ASIGNADA *Y EN LA CUAL VOY* (*o vamos*) *A VIVIR FELIZ.*

"SU CONSTRUCCIÓN Y LOCALIZACIÓN SON PERFECTAS. ESTA CASA ESTÁ VALUADA EN EL PRECIO JUSTO Y ES ADECUADA A MIS NECESIDADES.

"GRACIAS DIOS POR SER MI FUENTE DE PROVISIÓN Y DE ABASTECIMIENTO. EL DINERO SUFICIENTE YA ME HA SIDO PROVISTO PARA PAGARLA EN SU TOTALIDAD. TODA LA DOCUMENTACIÓN ESTÁ EN ORDEN DIVINO.

"AQUÍ, EN ESTE HOGAR, REINA SIEMPRE LA ARMONÍA, PAZ Y LUZ CELESTIAL. ESTA LUZ TAMBIÉN ILUMINA A TODO AQUÉL QUE VIENE A ELLA.

"GRACIAS DIOS PORQUE TODO SE HA LLEVADO A FELIZ TERMINO, EN COMPLETA PAZ Y ARMONÍA. DE ACUERDO A TUS DESEOS Y NO LOS NUESTROS... Y ASÍ ES".

PARA RESTAURAR
EL CORAZÓN

Por lo general, lo que nos causa problemas y trastornos al buen funcionamiento de nuestro corazón son el miedo, ansiedad, preocupación y tensión. La mejor forma para eliminar todas estas actitudes negativas de nuestra mente es sentir que realmente Dios nos ama y que Su amor en nosotros sobrepasa no sólo al temor, sino a todo lo que contradiga nuestro bienestar. El corazón simboliza el Amor Divino en nosotros, razón por la cual él no puede enfermarse. No obstante, nosotros con nuestros pensamientos negativos obstruimos su buen funcionamiento. Si tú deseas mantener tu corazón funcionando al ritmo infinito de la Vida, es decir, de acuerdo al Plan Divino en ti, entonces te invitamos para que ores de la siguiente manera:

"MI CORAZÓN ES EL CENTRO DEL AMOR
DIVINO. EN CADA PULSACIÓN ÉL HACE
QUE MI SANGRE CIRCULE PERFECTA
Y ARMONIOSAMENTE A TRAVÉS DE LOS VASOS
SANGUÍNEOS, VENAS Y ARTERIAS QUE HAY
EN TODO MI CUERPO.

"MI SANGRE ES PURA Y PERFECTA. TODA
ACCIÓN EN MI CORAZÓN ES ARMONIOSA,
VITAL, ADECUADA Y CORRECTA.
EL PADRE AMOROSO QUE MORA EN MÍ,
ÉL ESTÁ HACIENDO EL TRABAJO
EN PERFECTA PAZ.

"YO SOY UNO CON EL RITMO INFINITO
DE LA VIDA. TODOS LOS LATIDOS DE MI
CORAZÓN SON PERFECTOS PORQUE ESTÁN
REGIDOS POR EL AMOR DIVINO EN MÍ
Y TODO ESTÁ EN PERFECTA CALMA, EN
COMPLETA PAZ Y ARMONÍA.

"GRACIAS DIOS, PORQUE YO SÉ
QUE ASÍ ES. AMÉN".

CÓMO MANTENER NUESTRO CUERPO SANO

Hay una frase que dice: *"Existe dentro de nosotros una inteligencia que conserva sano nuestro cuerpo si no interferimos con ella"*. Hay mucho de verdad en esta aseveración. Lamentablemente la mayoría de las personas no saben esto y siempre están interfiriendo con el buen funcionamiento de esta inteligencia interna que sabe qué hacer y cómo hacerlo para mantener nuestro cuerpo siempre sano. El razonamiento de nuestros cinco sentidos siempre nos está impresionando según las apariencias externas, conduciéndonos al dominio de creencias, temores y opiniones falsas. Una vez registrados esos patrones negativos en nuestra mente, y debido a condiciones psicoemocionales, ellas producirán un equivalente —lógico que negativo—, ya sea en nuestro cuerpo (como enfermedades) o en nuestro ambiente (que no será nada agradable). Para contribuir al buen funcionamiento de nuestro cuerpo, debemos analizar siempre cada pensamiento que venga a nosotros, y si consideramos que no es positivo tenemos que contraatacarlo con uno positivo. Por ejemplo, si estás pensando que te vas a enfermar porque todas las personas que conviven contigo tienen gripa, debes afirmar: "Yo me mantengo siempre saludable. Ningún microbio o virus puede afectarme. Yo rechazo todo malestar que pueda haber a mi alrededor y nada me perturba", o bien: "El Espíritu de Dios fluye libremente a través de mi pensamiento, consecuentemente fluye a través de todo mi ser, manteniéndome siempre saludable". Y para establecer la salud permanente en tu cuerpo afirma de la siguiente manera:

"YO: (*Menciona tu nombre completo*) LE DOY
GRACIAS A LA VIDA POR MI CUERPO, EL
INSTRUMENTO MARAVILLOSO Y PERFECTO
CREADO PARA QUE ELLA SE PUEDA EXPRESAR
A TRAVÉS DE MÍ.

"YO AHORA SÉ Y ACEPTO QUE CADA CÉLULA,
ÁTOMO, MOLÉCULA, GLÁNDULA, MÚSCULO,
ÓRGANO Y FUNCIÓN DE MI CUERPO SON
LLENADOS POR LA DESLUMBRANTE LUZ
DE MI CREADOR QUE SANA, ELEVA Y HACE
PERFECTO TODO MI CUERPO,
QUE ES SU TEMPLO.

"YO: (*Menciona nuevamente tu nombre*) ESTOY
LLENO DE LA LUZ DE DIOS, QUIEN
REVITALIZA CADA PARTE DE MI CUERPO.
YO ESTOY LLENO/A CON ESTE LUMINOSO,
GLORIOSO Y VIBRANTE SENTIMIENTO DE
JUVENTUD EN MI CUERPO.

"YO ME SIENTO FELIZ CON EL MOTIVADOR
PODER DE LA ACCION DIVINA EN MÍ.

"YO SOY POR SIEMPRE JOVEN, FUERTE
Y SALUDABLE, CONFIADO Y CAPAZ
PARA REALIZAR TODO LO QUE EL CREADOR
QUIERE EXPRESAR A TRAVÉS DE MÍ...
Y ASÍ ES".

Vigila tus pensamientos porque a través de ellos puedes conservarte saludable o enfermo, con éxito o fracasado, alegre o triste, vivir en la abundancia o con escasez, estar siempre seguro o temeroso. Los pensamientos que más dañan y minan nuestra salud son los de ansiedad, temor, celos, envidia, resentimiento y coraje. Todos los pensamientos negativos son los venenos que entran a la mente produciendo estragos en el cuerpo. Asimismo, al ser estos pensamientos negativos continuos, con el tiempo se convertirán en actos exteriores desagradables, tristes y hasta funestos. No esperes estar en una condición indeseable para empezar a poner orden a tu forma habitual de pensar. Tuyo es el poder de elección, elige sólo pensamientos positivos y constructivos.

EN EL MUNDO DE DIOS
NADA SE PIERDE

Los objetos o cosas que son de nuestra propiedad, llevan un "sello" que dice que nos pertenecen. Por esta razón, cuando se nos llegue a extraviar algo, nunca debemos de exclamar, "está perdida o se me perdió", debemos de afirmar, "está extraviada, pero yo sé que la voy a encontrar". Enseguida ora de esta manera: "En el mundo de Dios nada se pierde y mi, (menciona el objeto extraviado) solamente está extraviada. La sabiduría divina dentro de mí sabe dónde está y ella me indicará el lugar. Así Es". Algunas personas hasta declaran, "mi brazalete lo perdí y si alguien se lo encontró, es que ésta persona lo necesita más que yo". En otras palabras, lo da por perdido. Cuando se declara perdida una cosa, no es posible recuperarla, porque según la Ley Mental que gobierna y hace realidad nuestras palabras dice: "Te será dado de acuerdo a tu creencia". Para este poder en nosotros nada está oculto y él lo sabe todo. Cuando lo usamos correctamente nos responderá de acuerdo a nuestra fe, creencia y convicción. También puedes usar esta oración:

"EN EL MUNDO DE DIOS NADA SE PIERDE. LA MENTE INFINITA CONOCE Y SABE TODO LO QUE HAY Y EXISTE, Y COMO MI MENTE ES UNA CON ESTA SABIDURÍA INFINITA, TODAS LAS COSAS QUE YO NECESITE SABER DÓNDE SE ENCUENTRAN, SE ME REVELARÁ EL LUGAR CORRECTO EN EL MOMENTO EN QUE YO NECESITE SABERLO.

"EN LA MENTE ÚNICA MI (menciona el objeto o cosa extraviada) QUE SE HA EXTRAVIADO ESTÁ ASOCIADO CON MI PERSONA Y ESTO ME PERTENECE. EL AMOR DIVINO LA ESTÁ CUIDANDO POR MÍ.

"EN COMPLETA CALMA Y SERENIDAD, YO RECIBO LA INFORMACIÓN NECESARIA. EL PODER PERFECTO QUE HAY EN MÍ, ME INSPIRA LO QUE DEBO HACER PARA RECUPERAR LO QUE ME PERTENECE POR DERECHO DIVINO.

"YO RECONOZCO Y AGRADEZCO A LA JUSTICIA DIVINA POR ESTAR ACTUANDO EN ESTA SITUACIÓN EN PERFECTA PAZ Y ARMONÍA. YO LO CREO, YO LO ACEPTO CON GRATITUD, SABIENDO QUE ASÍ ES. AMÉN".

PARA EL ESTUDIANTE

Por lo general los padres siempre están preocupándose por los estudios de los hijos, máxime cuando están teniendo dificultades con algunas materias o lecturas. Esto lo podemos considerar normal, ya que ésta es una forma de darles a entender que los aman y que verdaderamente les importan. Lamentablemente, el preocuparse y estar insistentemente sobre ellos, señalándoles las fallas y haciendo comparaciones con otros, así como estar enojados y hasta gritándoles, no es bueno pues no responderán adecuadamente. Al asumir esta actitud, lo único que lograrán es hacerlos sentir todavía peor. Pensarán y creerán que no podrán con el estudio y hasta pueden frustrarlos. A todos nos gusta que nos hablen y digan las cosas con buenas palabras y sin gritos. Si quieres ayudar a tus hijos para que sean buenos estudiantes, háblales con amabilidad y con palabras de amor. No les estés señalando sus fallas, por el contrario, debes de estimularlos y decirles, por ejemplo: "No importa que hayas sacado un siete de calificación, yo sé que en el siguiente examen obtendrás un diez. Te voy a ayudar, pero debes poner una poca más de atención". La siguiente oración es muy efectiva. Todos los estudiantes que la han hecho mejoraron grandemente en sus estudios y no volvieron a tener dificultades. Si tu hijo es de primaria, ayúdale, porque él tiene que decirla o escribirla. Explícale el significado de lo que no entienda.

"GRACIAS DIOS POR CONCEDERME AHORA UNA MENTE ABIERTA Y RECEPTIVA, DESEOSA Y PRESTA

PARA APRENDER TODAS LAS CLASES QUE MIS MAESTROS IMPARTAN. YO ESTARÉ ATENTO/A EN TODO MOMENTO.

"TE AGRADEZCO DIOS POR LA SABIDURÍA QUE ME DAS PARA DISTINGUIR EL BIEN DEL MAL. YO AHORA TENGO EL PODER PARA CONCENTRARME, Y LA SEGURIDAD EN MÍ MISMO/A.

"LA LUZ DE LA VERDAD ME GUÍA SIEMPRE EN MI CAMINO, POR ESO NO HAY LUGARES OSCUROS EN MI VIDA. YO VOY SIEMPRE CONFIADO/A SABIENDO QUE LA PRESENCIA DIVINA VA CONMIGO.

"CUANDO DEBA DE ENFRENTARME A UNA PRUEBA O EXAMEN, SEA ESTO VERBAL O ESCRITO, LA SABIDURÍA DIVINA EN MÍ BORRARÁ DE MI MENTE CUALQUIER PENSAMIENTO DE TEMOR.

"LA RESPUESTA PERFECTA QUE YO NECESITE RESPONDER, ELLA VENDRÁ A MI MENTE LIBREMENTE Y SIN PRISA.

"GRACIAS DIOS POR AYUDARME SIEMPRE, POR BENDECIR A MIS MAESTROS Y HABLAR TÚ A TRAVÉS DE ELLOS CON PALABRAS CLARAS Y AMOROSAS.

"ESTO NOS MANTIENE A TODOS UNIDOS Y CON BUEN ENTENDIMIENTO Y COMPRENSIÓN.

SABIENDO QUE ERES TÚ A TRAVÉS DE MÍ
Y DE TODOS, YO RETENGO SIN DIFICULTAD
ALGUNA LO ESTUDIADO Y APRENDIDO
EL DÍA DE HOY.

"GRACIAS DIOS POR LA SABIDURÍA QUE
ME HAS DADO PARA ALCANZAR MIS OBJETIVOS
DESEADOS, PARA CONSTRUIR UNA VIDA
DE SERVICIO, FELICIDAD Y ÉXITO COMPLETO.
Y ASÍ ES. AMÉN".

PARA AUMENTAR LA AUTOESTIMA

Si eres una persona con una autoestima baja, esta oración te ayudará a incrementarla. Si ya tienes una alta estima la aumentará aún más. En realidad nada ni nadie tiene poder sobre nosotros para hacernos sentir "menos" o "poca cosa"; a menos que nosotros no tengamos la capacidad o conocimiento de cómo rechazar todo lo que pueda hacernos sentir mal. Nuestro Creador nos ha dotado a todos por igual de un poder para aceptar o rechazar todo aquello que no deseamos tener con nosotros. Lamentablemente —o así tiene que ser— esto no lo sabemos desde un principio y origina que sólo estemos aceptando como verdad todo aquello que nos dicen acerca de nuestra persona. ¿Cuántas veces los padres, en su ignorancia, al no saber cómo tratar al hijo le dicen: "Tú eres un tonto", y el niño al oír esto, lo cree? Sabemos que todo aquello que creemos, sea verdadero o falso, así mismo será hecho. Cuando el niño crece bajo esta creencia, él siempre se comportará como un tonto, y todos los que le rodean se burlarán de él diciéndole: "Eres un tonto". Inconscientemente esto se va arraigando cada vez más en él. Mientras no venga la ayuda necesaria para erradicar esa falsa creencia, él llegará a la edad adulta sintiéndose desalentado, deprimido y frustrado porque todo le sale mal. Si tú estás experimentando algo así, no demores la solución a tu "problema". Tú puedes sobreponerte a él afirmando diariamente:

"CADA DÍA YO SOY MÁS SABIO; COMO
NUNCA ANTES LO HABÍA SIDO. MI SABIDURÍA

PROVIENE DE MI FUENTE QUE ES DIOS
Y YO SIEMPRE ACTÚO SABIAMENTE.

"CADA DÍA YO SOY MÁS AMADO; COMO NUNCA
ANTES LO HABÍA SIDO. ESTE AMOR
INCONDICIONAL PROVIENE DEL CENTRO DE MI
SER Y YO AHORA DEJO QUE ESTE AMOR FLUYA
LIBREMENTE A TRAVÉS DE MÍ HACIA TODOS.

"CADA DÍA YO SOY MÁS BELLO/A; COMO NUNCA
ANTES LO HABIA PERCIBIDO. LA BELLEZA
DIVINA EN MÍ SE EXPRESA A TRAVÉS DE MÍ
AHORA Y SIEMPRE.

"CADA DÍA YO SOY MÁS JOVEN; COMO NUNCA
ANTES LO HABÍA SIDO. YO SIMPLEMENTE DEJO
QUE DIOS EN MÍ EXPRESE SU ETERNIDAD
A TRAVÉS DE MÍ, Y YO SOY ETERNAMENTE
JOVEN, FUERTE Y SALUDABLE.

"CADA DÍA YO SOY MÁS FELIZ; COMO NUNCA
ANTES LO HABÍA SIDO. LA ALEGRÍA DE DIOS
EN MÍ, SE EXPRESA A TRAVÉS DE MÍ,
MANTENIÉNDOME SIEMPRE ALEGRE Y FELIZ.

"CADA DÍA YO SOY MÁS PRÓSPERO; COMO
NUNCA ANTES LO HABÍA SIDO. LAS RICAS IDEAS
DIVINAS ME PROSPERAN, ENRIQUECEN E
INCREMENTAN MI ÉXITO. YO LAS COMPARTO
CON OTROS".

PARA MANTENERSE
SIEMPRE JOVEN, FUERTE
Y SALUDABLE

El espíritu que nos sostiene, o la vida que estamos viviendo, no están sujetos al tiempo. Nosotros humanamente sí estamos viviendo bajo esta creencia de que existe un tiempo. Pero si analizamos lo siguiente tal vez tú que estás ahora leyendo esto puedas creerlo, y al aceptarlo verdaderamente, entonces no volverás a estar más sujeto al tiempo. Si no existieran los calendarios ni los relojes, y si no supiéramos nada respecto al tiempo, ¿qué edad tendrías? Analízalo, reflexiona, razona y llega a una conclusión. Vivir en el AHORA es lo que todos deberíamos de hacer, pues pensar es crear. Como cada pensamiento que viene a nuestra mente, o que estemos pensando, se está registrando en el proceso creativo en nosotros, lógicamente producirá un resultado igual. Es decir, si piensas mal, el mal vendrá a ti, y si piensas bien, el bien te seguirá. Por esta razón, siempre estás decretando las experiencias en tu vida. "CAMBIA TU MANERA DE PENSAR Y CAMBIARÁ TU VIDA", es una verdad que nos enseña la Ciencia de la Mente, que es una filosofía; una fe; una forma de vida mejor. Si deseas permanecer siempre joven, fuerte y saludable, afirma:

"YO TENGO LA MISMA EDAD QUE TENÍA
AYER; LA MISMA VIDA; LA MISMA MENTE;
EL MISMO ESPÍRITU Y EL MISMO CUERPO,
EL CUAL ES PERFECTO Y MARAVILLOSO.

"EL PODER QUE ME SOSTIENE NO RECONOCE
EL TIEMPO, POR LO TANTO NO TIENE EDAD
NI CAMBIOS, SIEMPRE ES EL MISMO.

"POR ESTA RAZÓN MI CUERPO EXPRESA
LO QUE EL PODER EN MÍ ES:
JOVEN, FUERTE Y SALUDABLE.

"ÉSTA ES MI NATURALEZA DIVINA.
YO LA CREO Y LA ACEPTO
CON GRATITUD, SABIENDO QUE
ASÍ ES. AMÉN".

PARA ESTABLECER
LA PAZ

La frase o declaración que usamos para permanecer en la paz, nos ha dado muy buen resultado y es muy simple: "Señor; permite que Tu paz siempre principie y permanezca en mí". Es muy loable la labor que algunas personas hacen al orar por la paz del mundo, pero si ellas no tienen paz consigo mismas, su oración no puede dar el resultado deseado ya que, "no podemos dar lo que no tenemos". Si tú deseas permanecer en paz, primero tienes que aceptar y establecer en ti dicha paz. No la busques fuera porque ella permanece siempre dentro de ti. Es la paz que trasciende todo entendimiento y nada ni nadie puede perturbarla. Afirma de la siguiente manera:

"FLUYE HACIA MI INTERIOR, EL AMOR
INFINITO DE DIOS Y SU LUZ RESPLANDECE
EN TODO MI INTERIOR.

"MÁS Y MÁS AUMENTA SU BRILLO, CUBRE
TODO MI SER Y ENTORNO CON
UN SENTIMIENTO DE PAZ, ARMONÍA
Y ORDEN DIVINOS.

"LA PAZ DIVINA ESTABLECIDA DENTRO
DE MÍ, NADA DE LO EXTERNO
PUEDE PERTURBARLA.

"YO SOY UNA UNIDAD CON MI CREADOR
Y CON TODO LO QUE ME RODEA.

"POR ESTA RAZÓN YO VIVO EN PAZ CONMIGO
MISMO Y CON TODOS LOS DEMÁS.

"GRACIAS DIOS, PORQUE TU PAZ VA CONMIGO,
ESTÁ CONMIGO Y VIVE EN MÍ.

"YO ASÍ LO CREO; YO ASÍ LO ACEPTO,
SABIENDO QUE ASÍ ES".

PARA LIBERARNOS DEL PASADO

Lamentablemente el pasado siempre está perturbando nuestro presente cuando no hemos sabido liberarnos de él. Hay mucha información que nos dice que el pasado tenemos que dejarlo, pero pocas veces ponemos atención o somos re-nuentes para hacer algo y verdaderamente olvidarnos de él. Para nadie es fácil dejar ir el pasado. Muchas personas prefieren vivir el presente, aunque sea una vida idéntica a su pasado. Sin darse cuenta, ellas simplemente están "reciclando" y viviendo el pasado. Si tú deseas tener una mejor calidad de vida, te invitamos a probar esta oración para que te liberes de una vez por todas del pasado y vivas un presente lleno de amor, salud, felicidad y éxito. Afirma muchas, muchas veces, tantas como puedas hacerlo:

"YO, (menciona tu nombre completo) PERDONO A TODO EL MUNDO; ME PERDONO A MÍ MISMO/A POR TODOS LOS ERRORES Y FALTAS QUE HAYA COMETIDO EN EL PASADO.

"YO PERDONO TODAS LAS EXPERIENCIAS QUE DE UNA U OTRA FORMA HAYAN SUCEDIDO EN EL PASADO, LAS CUALES ME HAYAN CAUSADO DAÑO; HAYA SIDO ESTO REAL O IMAGINARIO.

"YO SUELTO Y DEJO IR DE MI MENTE EL PASADO PARA QUE DIOS EN MÍ Y EN MIS HERMANOS ACTÚE.

"YO ENTREGO AL PODER DIVINO TODOS MIS ODIOS, AGRAVIOS, RESENTIMIENTOS, CELOS, SENTIMIENTOS DE CULPA, IRA Y CRÍTICA PARA QUE ELLOS SEAN TRANSFORMADOS EN EL AMOR PERDONADOR DE DIOS EN MÍ.

"A TRAVÉS DEL AMOR YO ME LIBERO DE TODOS LOS PENSAMIENTOS DE TEMOR Y ERROR QUE ME MANTENÍAN ATADO E IMPEDÍAN MI FELICIDAD Y PROSPERIDAD.

"AHORA PERDONANDO Y DEJANDO IR EL PASADO, YO PROSPERO.

"MI MENTE ESTÁ ABIERTA Y RECEPTIVA A LA ABUNDANCIA Y EL BIENESTAR DIVINOS QUE YA SON MÍOS POR DERECHO DIVINO.

"YO AHORA RECLAMO COMO MÍO TODO ESTO.

"ÉSTA ES MI VERDAD; YO LA CREO Y LA ACEPTO CON GRATITUD, SABIENDO QUE ASÍ ES".

PARA OBTENER "GUÍA DIVINA"

Cuando nos encontramos frente a una situación en la que tenemos que tomar una decisión, y estamos temerosos, confundidos y no sabemos qué hacer, esta oración nos tracrá la respuesta que deseamos, porque cuando dejamos que la Sabiduría Divina decida por nosotros, nadie saldrá perjudicado. La respuesta que recibiremos a la situación que enfrentamos siempre será la mejor. Haz el siguiente tratamiento u oración científica y lo comprobarás por ti mismo.

*"Yo, (*menciona tu nombre completo*) reconozco que Dios es Omnisciente, Omnipresente y Omnipotente, y yo soy uno con Él. Al permanecer en esta conciencia de unidad, sé que nada me separa de Su Presencia y Sabiduría, consecuentemente ahora soy un canal por el cual Él se expresa a través de mi mente.*

"La Paz Celestial en todo momento me mantiene abierto y receptivo, sereno, tranquilo, en completo balance y equilibrio física y mentalmente. La Sabiduría Divina fluye a través de mi mente y me da la respuesta perfecta para tomar la mejor decisión, ante este reto que estoy enfrentando. Yo hago todo esto con plena confianza de que es Dios en mí, a través de mí, quien lo está haciendo y por eso puedo ver con claridad que todo está bien en mi vida ahora.

"Gracias Dios porque todo está ya realizado en perfecta paz y armonía. Yo ahora dejo mi tratamiento al Poder Creativo en mí para su expresión en el momento correcto y perfecto. Yo así lo creo y acepto con gratitud sabiendo que Así Es. Amén".

Cuando permanecemos conscientes de que todo proviene de la Fuente Única e invisible, siempre estaremos seguros de la respuesta que esperamos, y cuando ésta llega, tenemos que estar muy alertas para no rechazarla. Aunque aparentemente no sean nuestras perspectivas —según nuestro razonamiento— debemos seguir la guía o respuesta, porque Dios puede ver más allá de nuestra limitación.

Tenemos dos "canales" o medios por los cuales recibimos respuesta a nuestras demandas o necesidades humanas. Uno es nuestro intelecto y el otro la intuición —ambos están en nosotros mismos. El primero es el resultado de la información que hemos adquirido a través del estudio por medio de los libros, las personas que nos rodean, las experiencias que hemos vivido al correr del tiempo. En otras palabras, todo lo relacionado con el mundo externo. En cambio la intuición es el canal espiritual por el cual la Sabiduría Divina se expresa a través de nuestra mente como ideas o pensamientos. Como esta información aún no está expresada, muchas de las veces dudamos que sea la respuesta que estamos esperando porque nos parece que es "imposible" o "demasiado buena para ser verdad". Entonces vendrá la pregunta, ¿cómo saber cuál es la correcta? Seguir la respuesta que viene a nuestra mente sin argumentar. Si al principio tenemos dificultades, quiere decir que esta respuesta surgió de nuestro intelecto, sin embargo, si todo funciona a la perfección significa que es de nuestra intuición, la cual no conoce errores, pues es el Poder Omnisciente.

CREE EN TI

Las personas que se dicen ateos, es porque no profesan ninguna religión. Sin embargo, ellas tienen una creencia, o sea, creen en algo más grande que ellas mismas, o quizá en sí mismas. Se cuenta que un periodista entrevistó a una persona que declaraba ser ateo y le preguntó: "¿Es usted creyente?" La respuesta fue: "Por supuesto que no, gracias a Dios yo soy ateo". También hay personas que dicen ser católicos y que creen en Dios, pero si tú les preguntas: "¿Cuál es el concepto que tienes acerca de Dios?" y "¿qué crees que Dios hace en tu vida diaria?" Ten la seguridad que muy pocas responderán adecuadamente. Lamentablemente el concepto de Dios que domina la mayor parte de la teología cristiana es el concepto del Dios del Antiguo Testamento. No se nos ha explicado debidamente que el Antiguo Testamento es la historia del desenvolvimiento de la idea o concepto que se tenía acerca de Dios y de la relación del hombre con su Creador. Se ha enseñado más ver a Dios "fuera" o separado de nosotros. Como el padre que le dice al niño: "Pórtate bien, Dios te está vigilando y te castigará si te portas mal", y para consolar a un amigo por la pérdida de su papá, alguien le dice: "Dios se ha llevado a tu papá, pero ahora está en Su regazo y está bien". Ahora nosotros te decimos, no lo busques más fuera de ti porque "Él está más cerca que tu aliento, más cerca que tus manos y pies". Está donde tú estás, porque Él *ES* tu propia vida. Quizá esto te pueda parecer difícil de creer y asimilar. Desde luego que para nadie es fácil —aunque de hecho lo es— poder cambiar de la noche a la mañana las viejas creencias de nuestra separación del Principio de Vida. Nada nos puede afectar tanto como sentirnos separados de la Fuente de provisión. El peor "castigo" que nos pueden dar es hacernos creer que el Padre Celestial que está "en los cielos" nos vigila y nos castiga si nos portamos mal. Si un niño crece con estas creencias, indudablemente que no amará a Dios; por el contrario, estará resentido con Él y vivirá siempre con el temor de ser castigado. Al crecer y llegar a la edad adulta si no ha hecho los cambios necesarios para borrar esta información, su vida estará llena de problemas, enfermedades, carencias y limitaciones. Pero, ¿cómo cambiar estos conceptos? Si este es tu caso, dedica un tiempo específico para hacer la siguiente oración:

"CREE EN TI,
PORQUE CREER EN TI ES CREER EN DIOS.

"CREE EN TI,
PORQUE TÚ ERES UN SER ÚNICO.
SÓLO TÚ PUEDES HACER COSAS QUE NADIE
MÁS PUEDE HACER COMO TÚ.

"CREE EN TI,
PORQUE TÚ ERES UN SER EL CUAL NADIE
MÁS PUEDE SER.

"CREE EN TI,
PORQUE TÚ TOCAS LA VIDA DE OTROS,
DE TAL MANERA QUE NADIE MÁS
PUEDE HACERLO.

"CREE EN TI,
PORQUE TÚ ERES UNA BENDICIÓN PARA
ESTE MUNDO. TÚ TIENES EL DERECHO
DE ESTAR AQUÍ, PORQUE ERES UN SER
MUY ESPECIAL.

"TÚ ESTAS AQUÍ PARA UNA MISIÓN MUY
IMPORTANTE QUE SÓLO TÚ PUEDES HACER.
TU PROPÓSITO EN ESTE MUNDO NO
LO PUEDE REALIZAR ALGUIEN MÁS.

"ALGUNAS PERSONAS O CIRCUNSTANCIAS
OCASIONAN QUE DUDEMOS DE NUESTRA
IMPORTANCIA, PERO TÚ NUNCA PERMITAS
QUE ESTO TE SUCEDA.

"SI POR ALGUNA RAZÓN NO PUEDES CREER
EN TI EN ESTE MOMENTO, ENTONCES
CREE EN DIOS; SABIENDO QUE ÉL TE AMA
Y QUE NUNCA TE FALLARÁ.

"CONTINÚA CREYENDO EN DIOS, Y LLEGARÁ
EL MOMENTO CUANDO TE DES CUENTA QUE AL
CREER EN DIOS, CREERAS EN TI, PORQUE
TÚ ERES UNA EXPRESIÓN PERFECTA DE TU
CREADOR. Y ASÍ ES".

EL PADRE NUESTRO
INTERPRETADO METAFÍSICAMENTE

PADRE NUESTRO QUE ESTÁS EN EL CIELO,
SANTIFICADO SEA TU NOMBRE

Por medio de estas palabras, estamos conscientes de la Infinita y Eterna Presencia de Dios en la que vivimos y por la cual pensamos y podemos crear.

VENGA A NOSOTROS TU REINO,
HÁGASE TU VOLUNTAD ASÍ EN LA TIERRA
COMO EN EL CIELO;

Nosotros somos la gloriosa posibilidad de Dios y permitimos que la Idea Perfecta del Eterno en cada cual, se desenvuelva a través de Sí Misma. Nuestro deseo de mejoramiento es el deseo de Dios por perfeccionar todo aquello que Él está expresando como cada uno de nosotros.

EL PAN NUESTRO DE CADA DÍA
DÁNOSLO HOY;

Es necesario reclamar nuestra herencia divina y diariamente manifestar lo bueno. Por lo tanto, nunca estamos separados de la sustancia del opulento universo —sustancia o energía, es de lo que todo está conformado y manifestado.

PERDONA NUESTRAS OFENSAS
COMO TAMBIÉN NOSOTROS PERDONAMOS
A LOS QUE NOS OFENDEN;

La Presencia Divina en nosotros es nuestro potencial para disolver todo conflicto o trasgresión. Esta Presencia que es Amor, nos libra a medida que soltamos y dejamos ir todos nuestros pensamientos limitados sobre nosotros mismos y los demás.

NO NOS DEJES CAER EN LA TENTACIÓN Y LÍBRANOS DE TODO MAL, AMÉN.

El Poder infinito dentro de nosotros es nuestra luz y redención. Sabemos que donde está la luz no hay oscuridad; y no puede haber oscuridad dentro de nosotros cuando estamos establecidos en unidad espiritual con la Presencia-Dios.

PORQUE TUYO ES EL REINO, EL PODER Y LA GLORIA POR SIEMPRE...

En todo lo que buscamos ser, tener o hacer, humildemente aceptamos que en la Presencia Divina está nuestro poder y voluntad para pensar, nuestro pensamiento de aspiración, nuestro poder para ejecutar y la gloria de todos nuestros logros.

ÉSTA ES LA VERDAD, Y EN ESTE MOMENTO SAGRADO ASÍ LO ACEPTAMOS, EN PAZ Y AMOR... AMÉN.

MI MUNDO ES FELIZ

Cuando permitimos que nuestro "Yo" verdadero vea a través de nuestros ojos, es cuando empezamos a ver el mundo como Nuestro Creador lo ve; perfecto. Dependiendo del concepto y percepción que cada cual tenga del mundo en que esté viviendo, asimismo lo estará experimentando porque como es por dentro es por fuera.

Todos nosotros, desde nuestra infancia hemos sido enseñados para ver el mundo de acuerdo a como nuestros progenitores lo estuvieron viendo y viviendo. Posteriormente, al ir creciendo, vamos analizando, razonando y haciendo nuestras propias deducciones acerca de nosotros mismos y del mundo que nos rodea.

Cuando adquirimos una educación primaria y posteriormente la profesional, ya nuestro razonamiento nos dice que el mundo que estamos viviendo es de acuerdo a como nosotros lo hayamos diseñado. Ya no nos dejamos influenciar fácilmente para aceptar como verdad lo que otros nos dicen, o tratan de sugestionarnos para vivir como ellos están viviendo —una vida nada envidiable.

No podemos cambiar al mundo, pero sí tenemos el poder para cambiar nuestro pequeño mundo, o sea, el mundo donde nos movemos, compartimos y tenemos nuestras experiencias. Este pequeño mundo es el reflejo de nuestra forma de pensar, es decir, del concepto que nos hemos formado de él. Por esta razón, al cambiar nuestra manera de pensar —de negativo a positivo— estaremos moldeando el mundo que realmente deseamos vivir.

Si deseas que tu mundo sea feliz, o si ya lo estás viviendo, no te conformes con eso, tú puedes incrementar esa felicidad. Afirma diariamente durante 21 días la siguiente oración:

"GRACIAS DIOS POR ESTE NUEVO DÍA, EL CUAL
LO VOY A VIVIR CON ALEGRÍA.

"HOY YO SOY UNA PERSONA NUEVA, CON UN
NUEVO DESPERTAR DE LO QUE LA VIDA ES.

"YO AHORA ME MANTENGO RELAJADO
Y LIBERO MI MENTE DE TODO PENSAMIENTO
DE TENSIÓN O PREOCUPACIÓN.

"NADA NI NADIE ME PUEDE PERTURBAR, IRRITAR
O MOLESTAR EN ESTE MARAVILLOSO DÍA.

"YO SOY UNA PERSONA LIBRE, VIVIENDO EN
MI MUNDO QUE ES EL REFLEJO DE MI PENSAR
Y DE MI PROPIA COMPRENSIÓN.

"YO NO ESTOY EN CONTRA DE NADA
NI DE NADIE. YO ESTOY A FAVOR DE TODO
LO BUENO QUE HAY Y EXISTE.

"YO UTILIZO MIS PENSAMIENTOS Y PALABRAS
COMO INSTRUMENTOS QUE CONFORMAN MI
PRESENTE Y MI FUTURO, EL CUAL ES FELIZ.

"YO ESTOY EN PAZ, SEGURO Y A SALVO AL
PERMANECER EN UNIDAD CON MI CREADOR. SU
PRESENCIA ME ACOMPAÑA TODO EL TIEMPO.

"POR ESTA RAZON TODO ESTÁ BIEN EN MI VIDA
Y EN MI MUNDO, EL CUAL ES FELIZ. Y ASÍ ES".

PARA DORMIR
EN PAZ

Vamos a procurar antes de ir a dormir ponernos en paz. En paz con nosotros mismos y con todos los demás. Algunas veces nos vamos a la cama con algún resentimiento o sentimiento de culpa por algo que nos hicieron o hicimos. Esto no es sano ni saludable, por el contrario, esto puede originar que tengamos dificultad para tener un sueño tranquilo y reparador.

La siguiente oración se dice varias veces unos cinco minutos antes de irse a dormir. Se sugiere que sea dicha pausadamente, sintiendo cada palabra como si fuera un arrullo que nos va dando confort, seguridad, tranquilidad, serenidad y paz.

"LA NOCHE ES LLENADA CON LA PAZ CELESTIAL.
TODO DESCANSA EN COMPLETA PAZ.
YO ENVUELVO A MI SER CON EL MANTO
DEL AMOR Y CAIGO DORMIDO, LLENO
DE ESTA PAZ SERENA.

"NADA INTERFIERE EN MI SUEÑO PORQUE LA
PAZ DIVINA ESTÁ CONMIGO Y YO AHORA
DESCANSO Y REPOSO EN UN PROFUNDO SUEÑO.

"A TRAVÉS DE LA LARGA NOCHE, LA PAZ
PERMANECE CONMIGO, Y AL DESPERTAR AL
NUEVO DÍA, AÚN SIGO CUBIERTO POR LA PAZ,
VIDA Y AMOR DIVINOS.

"GRACIAS DIOS, PORQUE TU PAZ SE HA ESTABLECIDO EN MÍ AHORA Y NADA PUEDE PERTURBAR MI SUEÑO. MI ÁNGEL GUARDIÁN ME CUIDA Y VELA MI SUEÑO.

"YO IRÉ ADELANTE DENTRO DEL NUEVO DÍA, CONFIADO Y FELIZ PORQUE LA PAZ CELESTIAL CAMINA CONMIGO Y YO VOY SIEMPRE SEGURO, CONFIADO, RELAJADO Y EN COMPLETA PAZ.

"GRACIAS DIOS, PORQUE YO SÉ QUE ASÍ ES. AMÉN".

PARA MANTENER
UN MATRIMONIO FELIZ

Indudablemente que todo matrimonio desea tener una vida feliz, en armonía y paz. Lamentablemente en su mayoría las personas que llegan al matrimonio no están conscientes de la responsabilidad que asumen al comprometerse mutuamente para lograr juntos la felicidad. Para que un matrimonio perdure debe tener su base fincada en lo espiritual. Es necesario que se fundamente en el sentimiento del corazón, ya que el corazón es el cáliz del amor. La honradez, sinceridad, bondad e integridad, son formas del amor. Toda pareja debe ser honesta; sinceros el uno con el otro. No existe un verdadero matrimonio cuando una pareja se desposa por capricho, dinero, posición social, orgullo o vanidad. Esto indicaría falta de honradez, sinceridad o amor verdadero. Un matrimonio así es una comedia, una trampa, un fracaso. La contemplación de los ideales divinos, el estudio de las leyes de la vida, el mutuo acuerdo sobre un plan o propósito común y la alegría de la libertad individual, produce un matrimonio armonioso; esa sensación de ser el uno para el otro, o de que ambos son como uno solo. La siguiente oración dicha con toda sinceridad, te ayudará para que tu matrimonio permanezca siempre en armonía.

"YO, (menciona tu nombre completo) COMPARTO MI PROPIA PAZ INTERIOR Y MI ALEGRÍA CON MI ESPOSO/A (menciona su nombre completo).

"LA FELICIDAD PERMANENTE DE MI
MATRIMONIO ES EL REFLEJO DE LA UNIDAD
QUE HAY EN MI MENTE.

"AMBOS DAMOS LO MEJOR DE NOSOTROS
SIN NINGÚN INTERÉS Y ASÍ COMPARTIMOS
LA ARMONÍA Y LA PAZ.

"YO, (menciona tu nombre) DOY A MI MATRIMONIO
COMPLETAMENTE Y SIN RESERVA ALGUNA, TODO
LO BELLO Y LO BUENO QUE TENGO.

"YO, (menciona tu nombre) ME SIENTO SEGURO/A
Y FELIZ EN MI MATRIMONIO, EL CUAL
ES BENDECIDO POR DIOS.

"EL AMOR DIVINO NOS UNE, PROTEGE, GUÍA
Y NOS PROPORCIONA CON ABUNDANCIA
DE TODO LO QUE NECESITAMOS.

"YO, (menciona tu nombre) LE SOY FIEL Y LEAL
A MI ESPOSO/A Y ÉL (o ella) LO ES CONMIGO.
LOS DOS FORMAMOS UNA SOLA Y MISMA
UNIDAD CON EL AMOR.

"DIOS ME QUIERE Y AMA A TRAVÉS
DE MI ESPOSO/A. Y ASÍ ES".

DIOS ES MI FORTALEZA
Y GUÍA

Cuando nos volvemos hacia Dios —nuestro Padre espiritual—, para que nos llene de Su fortaleza y guía, nos quedamos sorprendidos de cómo todas las cosas que hacemos ese día nos salen perfectas y al mismo tiempo nos sentimos seguros, alegres, llenos de entusiasmo y energía. En ese momento quisiéramos gritarle a todo el mundo cómo estamos disfrutando la vida, para que ellos también hagan lo mismo. Desafortunadamente las cosas no se pueden compartir como uno quisiera porque hay mucho escepticismo. Hay personas que se pasan la vida quejando y lamentando por todo. Se quejan porque hace frío, porque hace calor; porque el vecino tiene dos carros y ellas no; porque siempre están enfermas y los demás sanos; porque nunca les alcanza con el dinero que ganan, etc. Se lamentan porque se casaron y otros porque no se han casado; porque pudieron haberse hecho ricos y no lo lograron, etc, etc. Inconscientemente con esas actitudes están diseñando su futuro para vivir su vida con todo tipo de carencias, enfermedades y limitaciones. Ellas tienen que aprender que la Vida nos da lo que tomamos de Ella. Que la Vida es Dios y, lógicamente, Él no nos limita de nada, ya que la vida que estamos viviendo es Su vida en forma individualizada como tú y como yo. Por el contrario, como el gran maestro Jesús nos dice en su declaración: *"Es el placer del Padre, daros el Reino"*. Si tú deseas comprobar esto, te invitamos a practicar esta oración:

"DIOS EN MÍ, ESTÁ SOBRE CUALQUIER SITUACIÓN O CONDICIÓN EXTERNA. NO IMPORTA LA APARIENCIA QUE ELLA TENGA.

"DIOS EN MÍ, ES ENERGÍA PURA Y ELLA FLUYE A TRAVÉS DE TODO MI SER, MANTENIÉNDOME SIEMPRE SALUDABLE Y ENTUSIASTA.

"DIOS EN MÍ, NO RECONOCE IMPOSIBLES, PORQUE PARA ÉL TODO ES POSIBLE. POR ESTA RAZÓN YO SIEMPRE ESTOY SERENO Y EN PAZ.

"DIOS EN MÍ, ES TODA LA SABIDURÍA Y FORTALEZA QUE NECESITO. SIEMPRE DECIDO ACERTADAMENTE EN CUALQUIER SITUACIÓN QUE TENGA QUE ENFRENTAR.

"DIOS EN MÍ, ME PROVEE DE TODO LO NECESARIO PARA VIVIR UNA VIDA FELIZ, SIN CARENCIAS NI LIMITACIONES.

"GRACIAS DIOS EN MÍ, POR GUIARME SIEMPRE CON TU SABIDURÍA HACIA MI MEJOR Y MÁS ALTO BIEN. Y ASÍ ES. AMÉN".

MANTENTE TRANQUILO
Y CONFÍA

Si eres una persona que está teniendo una vida muy agitada, te conviene poner atención a lo siguiente: La mayoría de nosotros hemos sido programados desde nuestra infancia para vivir la vida con dificultades —desde luego que hay excepciones. Si en el hogar donde creciste todo mundo andaba de prisa, es lógico que adoptaras esta actitud. Es muy común escuchar por la mañana a la mamá con hijos en la escuela: "levántate rápido que se te hace tarde", "te va a dejar el camión si no te apuras", "corre porque te van a cerrar la puerta en la escuela", "llévate aunque sea un jugo porque no te alcanza el tiempo para desayunar", etc., y cuando llegan los niños de la escuela a casa sigue lo mismo: "apúrate que tienes que hacer la tarea", "estoy muy apurada y no tengo tiempo para hablarle a tu papá, háblale tú para ver si va a venir a comer". Y las carreras y prisas se hacen una rutina, y claro, se hacen hábitos, los cuales si no sabes cómo sobreponerte a ellos los harás tuyos y experimentas durante toda tu vida. Lo único que nos permite estar siempre tranquilos y confiados es saber que hay un Poder más grande que nosotros y que siempre está dentro de nosotros apoyándonos en todo lo que estamos pensando, diciendo y sintiendo. Por lo tanto, si quieres experimentar una vida tranquila, serena, confiada y en paz, te invitamos a practicar la siguiente oración diciéndole muy pausadamente a tu ser:

"MANTÉNTE TRANQUILO; TÚ ESTÁS SEGURO
Y PROTEGIDO POR EL PODER PERFECTO
QUE ESTÁ EN TU INTERIOR.

"MANTÉNTE TRANQUILO; TÚ ERES LA VIDA
ETERNA QUE VIVE EN TI, EN FORMA
HUMANA COMO TÚ.

"MANTÉNTE TRANQUILO; PARA QUE EL AMOR
DIVINO QUE VIVE EN TU INTERIOR SE PUEDA
EXPRESAR A TRAVÉS DE TI.

"MANTÉNTE TRANQUILO; PARA QUE LA
ALEGRÍA QUE ESTÁ EN TU INTERIOR SE PUEDA
EXPRESAR A TRAVÉS DE TI.

"MANTÉNTE TRANQUILO; PORQUE LA LUZ
DE LA VERDAD BRILLA EN TU INTERIOR
E ILUMINA TU ALMA Y CAMINO.

"MANTÉNTE TRANQUILO; PORQUE LA PAZ
CELESTIAL QUE HAY EN TU INTERIOR TE
MANTIENE SIEMPRE SERENO Y EN ARMONÍA.

"MANTÉNTE TRANQUILO Y SABE QUE TÚ ERES
LA ACTIVIDAD DIVINA. TÚ ERES DIOS
EN ACCIÓN; Y FUERA DE ÉL NADA EXISTE..
Y ASÍ ES. AMÉN".

MI BIEN ¡AHORA!

Si decimos que creemos en Dios y que tenemos fe en Él, esto quiere decir que debemos mantener nuestra expectativa esperando recibir siempre sólo lo Bueno, y por lo tanto, sólo experimentar el Bien ¡ahora!. ¿Por qué decimos esto? Porque Dios es todo el Bien y lo Bueno que hay y existe en el universo. Si el universo entero derramara sobre nosotros todo el Bien existente, sólo recibiríamos de acuerdo a nuestra fe y creencia que tengamos acerca de esto. Es como si tú estuvieras viviendo en un cuarto oscuro por mucho tiempo, sin ver la luz del día, siempre oscuro, ¿qué pasaría si de un solo golpe abrieras la puerta para que entrara toda la luz? Quizá te cegaría, ¿verdad? Pues asimismo sucede con nuestro Padre celestial que es nuestro proveedor. Él siempre nos está mandando en abundancia de todo lo que necesitamos a través de los canales que él dispone, pero nosotros casi siempre rechazamos Sus dádivas. Por ejemplo, cuando alguien te trae un regalo tú le dices: "No, no te hubieras molestado, a mí no me gusta recibir regalos". No te das cuenta que Dios, a través de esa persona desea darte un obsequio y claro, tú lo rechazas o lo tomas de mala manera. De la misma forma que das debes aprender a recibir y ser agradecido. La gente que ignora esto por lo general está siempre culpando a Dios de su desgracia y desdicha. Sin darse cuenta, no reciben porque no han dado ni agradecido. Que no te pase esto a ti. Si deseas reclamar tu Bien ahora, afirma con fe, creencia y convicción:

"ESTE ES UN DÍA FELIZ. ESTE ES UN DÍA
MARAVILLOSO. LLENO DE SALUD
Y ABUNDANCIA. ALGO HERMOSO ME SUCEDERÁ
HOY. RIQUEZAS INESPERADAS Y ESPERADAS
ME LLEGAN A LA MANERA MARAVILLOSA
DE DIOS PARA MI USO PERSONAL.
YO LAS UTILIZO SABIAMENTE.

"EL BIEN ME LLEGA HOY Y ÉSTE PERDURA,
PERDURA Y PERDURA. YO HAGO PROSPERAR
A LOS DEMÁS Y ELLOS ME HACEN
PROSPERAR A MÍ. EL BIEN QUE DESEO ME DESEA
A MÍ. YO HOY VOY A ENCONTRARME CON EL
BIEN QUE ESTE DÍA ME TIENE PREPARADO DIOS
Y QUE ME ESPERA A MÍ.

"YO HOY ME REGOCIJO Y LE DOY GRACIAS
A DIOS, PORQUE ME BRINDA ESTE BIEN. ¡AHORA
Y SIEMPRE! Y ASÍ ES. AMÉN".

MI LUZ INTERNA
ES MI FARO Y MI GUÍA

Generalmente las personas buscan en otros las orientaciones y guías ante situaciones y condiciones adversas. Algunas veces son orientadas por quienes han enfrentado experiencias similares y han salido adelante. Pero, ¿qué sucede cuando aplican el sistema o la forma que estas personas usaron? No obtienen el resultado deseado. Sencillamente porque ellas no tuvieron la misma confianza y fe que sus interlocutores. Esto es debido a que cada uno de nosotros tiene sus propios pensamientos, creencias y opiniones. Este asumir interno gobierna nuestras vidas. Nosotros te hacemos las siguientes preguntas: ¿Tú crees en Dios? ¿Tienes fe en Él? Si las respuestas son: Sí, entonces eres una persona afortunada que no tiene problemas y goza de salud, felicidad, riqueza, éxito y paz mental. ¿Por qué decimos esto? Sencillamente porque si creemos y tenemos fe en Dios, siempre esperaremos recibir todo lo bueno que Él tiene para todos nosotros. Él jamás nos limitará ni desamparará, porque Él no puede crear o darnos algo que contradiga Su Naturaleza. Si no hemos obtenido todo esto es porque no se han hecho las demandas o "pedidos" en forma correcta. La mejor guía y apoyo está dentro de nosotros mismos. Al volver nuestro pensamiento a la Luz Divina que mora en nuestro interior, nuestra mente es llenada con esa Luz y Sabiduría la cual nos ilumina para ver con claridad la respuesta para cualquier situación o condición que podamos enfrentar. Si está en nosotros solucionarla, tendremos la idea o los medios necesarios para lograrlo; en caso contrario, algo sucederá que las cosas se arreglarán como decimos: "solas" sin nosotros haber intervenido. ¿Quieres ponerlo a prueba? Entonces afirma diariamente:

"...YO SOY LA LUZ DEL MUNDO, YO SOY
LA VERDAD Y LA VIDA"
(Jesús, el Cristo)

"CUANDO AFIRMO ESTO, NADA ESTÁ OCULTO
PARA MÍ. LA LUZ Y EL AMOR DIVINO SE
EXPRESAN A TRAVÉS DE MÍ, GUIÁNDOME HACIA
MI MAYOR BIEN.

"EN MI MENTE, QUE ES LA MENTE DE DIOS
INDIVIDUALIZADA COMO YO, NO EXISTE EL
TEMOR, LA DUDA E INCERTIDUMBRE PORQUE ÉL
ES EL PODER OMNISAPIENTE.

"EN DIOS SÓLO HAY ARMONÍA, TRANQUILIDAD
Y PAZ; PERFECTO BALANCE Y EQUILIBRIO
GOBERNÁNDOLO TODO CON AMOR Y ORDEN
POR SU LEY INQUEBRANTABLE.

"YO SOY UNO CON MI CREADOR, PROVEEDOR Y
SOSTENEDOR. TODO LO QUE DIOS ES, YO SOY.
TODO LO QUE ÉL TIENE, YA ES MÍO, AHORA.

"YO CREO Y ACEPTO TODO ESTO COMO UNA
VERDAD ABSOLUTA, Y POR ESTA RAZÓN MI
MENTE ESTÁ EN CALMA, EN PERFECTA PAZ.
MI LUZ INTERIOR ES MI FARO Y MI GUÍA.

"YO ASÍ LO CREO Y LO ACEPTO CON GRATITUD
SABIENDO QUE ASÍ ES. AMÉN".

ÉSTE ES UN NUEVO DÍA

Todos los días son un nuevo día, un nuevo despertar. Es un nuevo comienzo, una nueva oportunidad que la Vida nos está brindando para ser cada día mejores. Así pues, aprovechemos lo máximo de este día para vivirlo felizmente, en armonía y en paz. Hay personas que se resisten a ser felices. Están tan arraigados sus prototipos mentales que no sienten la razón de ser felices, prefiriendo su estado depresivo e infeliz. Escoger ser feliz puede parecernos demasiado simple, y en realidad lo es. Esta simpleza quizá es la causa por la cual las personas tropiezan en el camino de la alegría. Ellas no ven en lo simple, lo sencillo, la clave de la felicidad. Las grandes cosas de la vida son siempre simples, dinámicas, creativas y producen el bienestar y la felicidad. Nuestra Biblia dice: *"Como un hombre piensa en su corazón, así es él"*, y el gran filósofo norteamericano Emerson dijo: *"El hombre es lo que piensa todo el día"*; también lo reafirma Marco Aurelio, quien fuera un gran filósofo romano, al afirmar: *"La vida de un hombre la hacen sus pensamientos"*. Esto quiere decir que si tú empiezas el día dando gracias a Dios porque este día, en especial este día, estás dispuesto a vivirlo con alegría y felicidad, si te forjas el hábito de decirlo diariamente, estarás construyendo una súper estructura de felicidad para todos los días de tu vida. Prueba también esta oración diciéndola diariamente con fe y convicción:

"ÉSTE ES UN DÍA QUE BRILLA CON UNA NUEVA VIDA, UN NUEVO GOZO Y UN NUEVO YO.

EL ESPÍRITU DIVINO EN MÍ, RENUEVA
EN CADA MOMENTO MI PERCEPCIÓN.

"MI NUEVA PERCEPCIÓN PERMITE QUE YO
ME APRECIE MUCHO MÁS Y APRECIE A MI
FAMILIA, MIS AMIGOS, MIS COMPAÑEROS
DE TRABAJO, MI COMUNIDAD Y EL MUNDO
EN EL CUAL VIVO.

"LOS LUGARES FAMILIARES ME REVELAN AHORA
BELLEZA Y ARMONÍA QUE TAL VEZ HABÍA
PASADO POR ALTO. YO SIENTO UN NUEVO
ESPÍRITU DE COOPERACIÓN EN LAS RELACIONES
QUE SON IMPORTANTES EN MI VIDA.

"YO ENCUENTRO MÁS FÁCIL RELACIONARME
CON PERSONAS AHORA QUE LO VEO TODO
COMO UNA OPORTUNIDAD PARA VIVIR FELIZ.

"SÍ, HOY ES UN DÍA MARAVILLOSO, DE NUEVOS
COMIENZOS, ACTITUDES Y UN NUEVO
DESPERTAR. GRACIAS DIOS PORQUE ÉSTE ES UN
NUEVO DÍA, ALEGRE Y FELIZ; BENDECIDO POR TI.
Y ASÍ ES. AMÉN".

CÓMO ORAR POR GUÍA DIVINA PARA OTRO

Ciencia de la Mente nos enseña que debemos de ser muy cautelosos cuando alguien viene a nosotros y nos pide que le demos un consejo. Ella nos dice que nunca demos un consejo, porque si lo damos, estaremos asumiendo una gran responsabilidad. Cuando tú das a alguien un consejo, y las cosas no le salen bien, ten la seguridad que la persona vendrá a reclamarte diciendo por ejemplo, "tú tienes la culpa porque me dijiste que hiciera esto y ya vez, fue un fracaso. Mejor lo hubiera hecho como yo pensaba". Y si por el contrario las cosas le salen bien, ella tal vez ni las gracias te dará. Por esta razón, cuando alguien nos pide orientación y que oremos por él, tenemos que tener mucho cuidado al hacerlo para no interferir con el libre albedrío que nuestro Padre Celestial nos ha dado a todos por igual. El Tratamiento Mental Espiritual es de gran ayuda, y si lo hacemos correctamente con mucha fe, creencia y convicción de que va a funcionar, no te quepa la menor duda de que así será. De esta manera no asumimos ninguna responsabilidad, ya que el trabajo lo hará la Ley Universal a la cual nosotros pondremos en acción para que nos de el resultado deseado. El siguiente Tratamiento es muy recomendado por nosotros, pues como ya dijimos es una ley mental que no sabe de fallas; ésta obra de la misma forma que trabajan la ley de matemáticas o la de gravedad.

"YO RECONOZCO UNA SOLA PRESENCIA Y UN SOLO PODER EN EL UNIVERSO, EL CUAL ES DIOS.

"Y YO, *(menciona tu nombre completo)* SOY UNO CON ÉL. DESDE ESTA CONCIENCIA DE UNIDAD, YO

HABLO MI PALABRA POR: (Menciona el nombre completo de la persona) SABIENDO QUE TAMBIEN ÉL (o ella) ES UNO CON DIOS. AMBOS SOMOS UNA MISMA UNIDAD CON NUESTRO CREADOR.

"PADRE; YO SÉ QUE POR MÍ NADA PUEDO, PERO CONTIGO TODO ES POSIBLE. YO AFIRMO QUE: (Menciona nuevamente el nombre de la persona) ES UN SER ESPIRITUAL. DENTRO DE ÉL (o ella) HAY INTELIGENCIA, SABIDURÍA Y COMPRENSIÓN.

"YO SÉ QUE EN TU MENTE DE LA CUAL SOMOS PARTE INTEGRAL, EXISTE SIEMPRE UNA SOLUCIÓN PERFECTA PARA TODA SITUACIÓN O CONDICIÓN QUE PUEDA ENFRENTAR. A TRAVÉS DE LA MENTE DE: (Di su nombre completo) EN ESTE MOMENTO ESTA FLUYENDO TU LUZ Y SABIDURÍA, DISIPANDO TODA DUDA O CONFUSIÓN QUE PUDIESE HABER EN SU MENTE. ÉL (o ella) ESTÁ EN COMPLETA CALMA, EN PERFECTA PAZ. ABIERTO Y RECEPTIVO A TU GUÍA DIVINA PARA TOMAR ACCIÓN CORRECTA ANTE CUALQUIER DECISIÓN QUE DEBA TOMAR, Y POR ESTA RAZÓN ÉL (o ella) NUNCA COMETERÁ NINGÚN ERROR. TODO LO QUE DECIDA SERÁ SIEMPRE PARA SU MAYOR BIEN Y EL BIEN DE LOS DEMÁS.

"GRACIAS PADRE POR ESTA FELIZ REALIZACIÓN DE MI TRATAMIENTO EL CUAL LO DEJO EN TU LEY DIVINA SABIENDO QUE TODO ESTÁ YA HECHO EN LA VIDA Y ASUNTOS DE (menciona su nombre completo).

"ÉSTA ES MI VERDAD. YO ASÍ LO CREO Y LO ACEPTO, SABIENDO QUE ASÍ ES. AMÉN".

PARA SOLTAR Y DEJAR IR EL PASADO

Hay quienes afirman que no pueden dejar ir el pasado y prefieren "vivir de los recuerdos". Estas personas ignoran que todo lo podemos modificar. En realidad nada es imposible para nosotros cuando nos hacemos el firme propósito de lograr cualquier cambio para tener una mejor calidad de vida. Son pocas las personas que logran su objetivo. La mayoría desisten al ver que los resultados esperados no surgen de inmediato, y continúan con una vida rutinaria. Unas veces bien, otras no muy bien, y hasta llegan a decir: "Así es la vida y tengo que conformarme a vivirla sin hacerme ilusiones de un posible cambio", o: "Esto no es para mí. Tal vez otros puedan hacerlo pero yo no". Prefieren vivir con el constante lamento de: "Si lo hubiera hecho... Si no me hubiera casado... Si me hubiera graduado... Si le hubiera hecho caso a mis padres..., etc." Nosotros te invitamos a dejar ir el pasado, bendecirlo y perdonarlo. No importa lo que haya sucedido en tu pasado. No importan los errores o fallas que hayas tenido. Lo importante es que te has propuesto modificarlo y para ello necesitas tomar una firme decisión para hacer los cambios simples o sencillos necesarios. Muchas de las veces escapa a nuestro entendimiento poder creer que tengamos resultados. Si tú quieres comprobarlo, te invitamos para que practiques muchas veces al día esta oración:

"YO, (Menciona tu nombre completo) BENDIGO Y PERDONO A TODO EL MUNDO; ME PERDONO A MÍ MISMO/A POR TODOS LOS ERRORES Y FALTAS QUE HAYA COMETIDO EN EL PASADO.

"YO BENDIGO Y PERDONO TODAS LAS EXPERIENCIAS QUE DE UNA U OTRA FORMA HAYAN SUCEDIDO EN MI PASADO, LAS CUALES ME HAYAN CAUSADO DAÑO; HAYA SIDO ESTO REAL O IMAGINARIO.

"YO BENDIGO, SUELTO Y DEJO IR DE MI MENTE EL PASADO, PARA QUE DIOS EN MÍ Y EN MIS HERMANOS ACTÚE PARA NUESTRO MAYOR BIEN.

"YO ENTREGO AL PODER DIVINO EN MÍ, TODOS MIS ODIOS, AGRAVIOS, RESENTIMIENTOS, CELOS, SENTIMIENTOS DE CULPA, IRA Y CRÍTICA PARA QUE ELLOS SEAN TRANSFORMADOS EN EL AMOR PERDONADOR DE DIOS EN MÍ.

"A TRAVÉS DEL AMOR YO ME LIBERO DE TODOS LOS PENSAMIENTOS DE TEMOR Y ERROR QUE ME MANTENÍAN ATADO E IMPEDÍAN MI FELICIDAD Y PROSPERIDAD PRESENTE.

"AHORA BENDICIENDO, PERDONANDO Y DEJANDO IR, YO PROSPERO. MI MENTE AHORA ESTÁ ABIERTA Y RECEPTIVA A LA ABUNDANCIA Y EL BIENESTAR DIVINO QUE YA SON MÍOS POR DERECHO DIVINO.

"YO AHORA RECLAMO COMO MÍO TODO ESTO. YO LO CREO, YO LO ACEPTO CON GRATITUD, SABIENDO QUE ASÍ ES. AMÉN".

PARA LOGRAR NUESTROS
PROPÓSITOS Y METAS

El Gran Maestro Jesús nos dijo que Él había venido para que tengamos vida, y la tengamos en abundancia. En otras palabras, para vivir la vida sin carencias ni limitaciones de ninguna clase. Él descubrió y probó en su persona la efectividad de las leyes mentales; y también las compartió con las personas que vivieron a su alrededor y en su tiempo. Pero antes, como en la actualidad, nos cuesta creer que haya sido posible el hecho de lograr hacer tanto milagro con sólo aplicar su fe, creencia y convicción en el Principio o "El Padre en mí", como lo llamó. Recordemos su declaración: *"No soy yo,* (refiriéndose a su persona) *sino el Padre que mora en mí* (el Poder que moraba en él y el cual también está en cada uno de nosotros), *Él hace el trabajo"*. También dejó dicho que, *"Las cosas que yo hago, tú las harás también. Y cosas más grandes harás, si tan sólo crees"*. Sólo le faltó agregar que, si tan sólo creemos como él estaba creyendo. ¿Quieres ponerlo a prueba? Afirma de la siguiente manera:

"YO RECONOZCO QUE HAY UNA SABIDURÍA, INTELIGENCIA Y PODER DIVINOS QUE SOSTIENEN Y MANTIENEN EL UNIVERSO EN PERFECTO ORDEN, BALANCE Y EQUILIBRIO.

"Y YO, *(menciona tu nombre completo)* DECLARO CON FE, CREENCIA Y CONVICCIÓN QUE VIVO, ME MUEVO Y TENGO MI SER EN ESTA PRESENCIA DIVINA.

"Y EN ESTA CONCIENCIA DE UNIDAD, YO LE DOY
GRACIAS AL CREADOR POR HABERME DOTADO
DE SU SABIDURÍA PARA TOMAR DECISIONES
Y ACCIONES CORRECTAS LAS CUALES ME
BENEFICIAN Y BENEFICIAN A LOS DEMÁS.

"YO SÉ QUE EL PODER CREATIVO EN MÍ ME ESTÁ
GUIANDO EN TODO MOMENTO PARA LLEVAR A
FELIZ TÉRMINO TODOS MIS PROPÓSITOS Y METAS
QUE ME HE FORJADO, LAS CUALES ENALTECEN
Y ENGRANDECEN MI ALMA.

"YO SOY UN CANAL POR EL CUAL EL ETERNO SE
ESTÁ EXPRESANDO Y YO ESTOY SIEMPRE ALERTA
PARA NO INTERFERIR EN LO QUE ÉL DESEA
HACER A TRAVÉS DE MÍ. YO DISFRUTO CON
ELLO, YO LO CREO Y ACEPTO CON GRATITUD
SABIENDO QUE ASÍ ES. AMÉN".

PARA PERDONAR
A QUIEN NOS HA HERIDO

Si queremos vivir una vida en paz y armonía con nosotros mismos y con todos los demás, es necesario analizar
nuestros sentimientos acerca del resentimiento, coraje, ira
u odio. Si hay algo de esto "sembrado" en nuestro corazón, no podremos ser felices ni disfrutar la vida a plenitud. Para nadie es fácil perdonar a una persona o personas
que nos hayan humillado, lastimado o herido física o psi-
cológicamente. El perdón es la medicina más eficaz que
puedas encontrar —y no te cuesta un centavo. Tal vez
puedas decir: "Es que él (o ella) no se merece mi perdón",
o quizá pienses: "Esto que me hicieron no tiene perdón".
Ahora yo te pregunto: "¿Quién está sufriendo? ¿Acaso eres
feliz sufriendo?" Cuando perdonamos, los más beneficia-
dos somos nosotros porque nos liberamos de nuestra propia carga mental al externar nuestros sentimientos. En
ocasiones la persona que nos hirió ya ni se acuerda del
hecho, o tal vez hasta se haya muerto. Sin embargo, tú lo
recuerdas cada momento del día y tu "herida" sangra cada
vez más, ahondando aún más tu dolor. Nosotros te invitamos para que reflexiones y analices detenidamente lo que
ocurre con tus sentimientos. Si hay alguno o algunos de
resentimiento, perdona por conveniencia propia si deseas
vivir sano y feliz. Para que esto funcione tienes que ser
sincero y honesto contigo mismo. Debe de haber esa buena disposición de tu parte al hacerlo, y si lo haces vas a
tener una vida feliz, sin ataduras ni impedimentos. Afirma
para ti mismo:

"YO, (menciona tu nombre completo) DE TODO
CORAZÓN AQUÍ Y AHORA TE PERDONO, TE
SUELTO Y TE DEJO IR DE MI MENTE A TI,
(menciona el nombre completo de quien te hirió)
PARA VIVIR AMBOS LIBRES, SIN ATADURAS,
Y DISFRUTAR EN TODO MOMENTO DE
BIENESTAR, ARMONÍA Y PAZ.

"YO TE AMO SIN CONDICIONES. LE DOY
GRACIAS A DIOS EN TI PORQUE TE GUÍE
SIEMPRE EN LA FORMA CORRECTA QUE SEA
PARA TU BIEN. QUE EN TODO MOMENTO TE
ENCUENTRES EN TU SITIO PERFECTO Y
CORRECTO, Y YO EN EL MÍO.

"YO CONFÍO TOTALMENTE EN DIOS, QUIEN
MORA DENTRO DE TI AL IGUAL QUE EN MÍ,
QUIEN YA NOS HA PERDONADO. AHORA AMBOS
SOMOS LIBRES, SIN ATADURAS, PARA LOGRAR
NUESTRO MAYOR BIEN.

"EN ESTA LIBERTAD, AMBOS SOMOS INSPIRADOS
POR LA SABIDURÍA DIVINA PARA TOMAR
DECISIONES CORRECTAS Y VIVIR SALUDABLES
Y FELICES; EN ARMONÍA Y EN PAZ.

"YO ASÍ LO CREO, Y ACEPTO ESTA VERDAD
CON GRATITUD, SABIENDO QUE
ASÍ ES. AMÉN".

PARA PERDONARSE
UNO MISMO

Como ya lo hemos dicho anteriormente, el perdón es absolutamente necesario para tener una vida plena. Cuando decimos vivir plenamente, nos estamos refiriendo a una vida completa, o sea, llena de paz y armonía; con buena salud física y financieramente estables para poder disfrutar de todo lo bueno que deseemos tener y que nos haga sentir felices. Muchas de las veces somos demasiado duros e inflexibles con nosotros mismos. Si cometemos un pequeño error, nos castigamos cruelmente durante todo el día condenando nuestra falla y proceder. Nos lamentamos cada rato diciéndonos: "Qué barbaridad, no había razón para que me hubiera enojado tanto, y no debí haberle dicho esto o aquello". Y continuamos con lo mismo, pensando, lamentándonos, condenándonos y al final del día nos sentimos abatidos, cansados y tristes.

Unos días después, nos enfermamos y luego nos sorprendemos, "¿por qué me pasó esto? Ayer todavía estaba bien y ahora no me puedo ni levantar de la cama. Me siento muy mal. Tengo fiebre y me siento resfriado". Ahora podrás observar la reacción que tuvo tu cuerpo a toda esa descarga de coraje contigo mismo. Es lógico el resultado de "causa y efecto", la ley mental que accionaste en forma negativa e inconsciente, porque lógicamente no querías enfermarte. El desconocimiento de esta ley no nos exime del resultado. Si en vez de enojarte contigo mismo hubieras pensado antes de hablar, no te hubiera pasado esto. La forma hiriente en que reaccionaste contra uno de tus seres queridos al estar molesto, o porque no te sentías bien, originó que ambos se lanzaran hasta insultos, cuando en realidad no era nada de importancia. Si ambos hubieran pensado antes de hablar, todo se hubiera aclarado y solucionado sin llegar a los extremos. Después de que te tranquilizaste y pudiste realmente pensar, te diste cuenta del error y luego vino tu propio juicio y condena. Por esta razón, es muy importante no juzgarnos tan duramente. Lo más saludable es permanecer tranquilos para poder pensar antes de reaccionar. Si has tenido alguna experiencia similar a ésta, es importante que hagas la oración del perdón para que sanes de tu propia herida, antes de que se arraigue más y hasta un cáncer puedes contraer; consideramos que nadie quiere esto. Di para ti mismo con mucha fe, creencia y convicción:

"YO, *(menciona o escribe tu nombre completo)* ME PERDONO A MÍ MISMO/A POR TODOS LOS ERRORES Y FALTAS QUE HAYA COMETIDO EN EL PASADO. DIOS YA ME HA PERDONADO Y YO ME HE PERDONADO TAMBIÉN.

"DE UNA U OTRA FORMA YO YA HE PAGADO POR TODO ESTO AL DARME CUENTA Y SUFRIR POR ELLO.

"YO AHORA SOY UN SER LIBRE DE TODO 'PECADO' O ERROR DEL PASADO. YO BORRO DE MI SUBCONCIENCIA TODA ATADURA Y DISFRUTO DE MI LIBERTAD PARA VIVIR A PLENITUD COMO ES MI DERECHO DIVINO.

"AHORA YO HAGO MI RECLAMO DE TODO LO
BUENO QUE MI CREADOR ME HA DADO.

"YO RECLAMO AQUÍ Y AHORA COMO MÍOS LA
SALUD PERFECTA, FELICIDAD, PROSPERIDAD
Y ÉXITO EN TODO LO QUE HAGA, DIGA
O PIENSE, ASIMISMO LA PAZ MENTAL.

"AL HACER MI RECLAMO, YO NO INTERFIERO
CON NADIE , YA QUE TODOS TENEMOS EL
MISMO DERECHO DE HACERLO.

"YO SÉ QUE HAY UN PODER DIVINO EN MÍ QUE
HACE REALIDAD MIS PALABRAS EN EL MOMENTO
CORRECTO Y PERFECTO DE CADA COSA.

"YO ACEPTO ESTA VERDAD Y DOY GRACIAS POR
ELLA. YO LA CREO Y SÉ QUE ASÍ ES. AMÉN".

Di esta oración mínimo tres veces al día o tantas veces
como lo puedas hacer. En 21 días, o tal vez antes —dependiendo de la fe con que la hagas—, verás el resultado.
La paz retornará a tu corazón y tu vida cambiará para lo
mejor.

LA PRESENCIA DIVINA ESTÁ
EN TODAS PARTES

En estos días en que a la mayoría de las personas les parecen difíciles porque se sienten inseguras en todos lados, es muy importante recordarnos que nuestra seguridad está en Dios. Si todos comprendiéramos que Dios *Es* omnipresente, este hecho nos bastaría para tranquilizarnos. Omnipresente significa que está presente donde yo estoy. Saber y entender esto es nuestra mayor seguridad, ya que donde Él está todo está bien. Por ejemplo, todos sabemos que presidentes de diferentes países, aún con toda la guardia presidencial o escoltas, con todo el equipo de seguridad que los acompaña, han sido asesinados. Ahora imaginemos a una persona o ciudadano común, que no ocupe ningún cargo "importante" en su país, ¿qué seguridad podría tener? Ninguna. No obstante, cuando ponemos nuestra seguridad en el Único Poder existente —Dios— que está donde nosotros estamos, siempre permaneceremos seguros; no importa la apariencia del peligro que hubiere a nuestra vista. Han habido casos de personas, que estando en un peligro extremo, han clamado la Presencia Divina y han sido salvadas. La gente dice: "Ha sido un milagro". Nosotros sabemos que han declarado la Verdad y ésta es la que realmente las ha salvado. Cuando realizamos que somos Hijos de Dios, entonces quiere decir que la vida que estamos viviendo no es nuestra, sino la Vida de Dios individualizada como cada uno de nosotros. Por consiguiente, es ilógico suponer que Él pueda descuidar de Su Vida. Si tú quieres experimentar esta Verdad, te invitamos a que practiques la siguiente oración:

"YO PONGO TODA MI CONFIANZA EN DIOS. SU PRESENCIA ME ENVUELVE, PROTEGE Y GUÍA.

"EN ÉL YO VIVO, ME MUEVO Y TENGO MI SER; POR CONSIGUIENTE YO SIEMPRE ESTOY SEGURO Y A SALVO EN TODO MOMENTO Y LUGAR QUE ME ENCUENTRE.

"LA PRESENCIA DIVINA EN MÍ ESTÁ FORTALECIÉNDOME; INSPIRÁNDOME; SERNÁNDOME Y PERFECCIONÁNDOME; TANTO FÍSICA COMO MENTALMENTE.

"ELLA DESTIERRA DE MI MENTE TODO MIEDO, TEMOR O ANSIEDAD.

"YO ME SIENTO SEGURO EN TODO CON SU PRESENCIA.

"ANTE CUALQUIER SITUACIÓN O CONDICIÓN, ESTA PRESENCIA TODO LO ACLARA Y SANA.

"SU AMOR DESTIERRA DE MI MENTE TODO RESENTIMIENTO, IRA O CORAJE.

"ASIMISMO, ACLARA MI VISIÓN, ME DA ENTENDIMIENTO, COMPRENSIÓN, Y A MIS PENSAMIENTOS Y PALABRAS LES DA SABIDURÍA.

"POR ESTA RAZÓN, YO PERMANEZCO SIEMPRE SEGURO, EN PERFECTA PAZ Y ARMONÍA.

"CON ESTA CONCIENCIA DE LA PRESENCIA DE DIOS EN MÍ, YO SÓLO VEO LO BELLO Y LO BUENO EN MÍ Y EN TODO.

"TODO ESTÁ BIEN EN MI VIDA Y EN MI MUNDO, Y ASÍ ES".

PARA ENCONTRAR
EL TRABAJO PERFECTO

Para encontrar el trabajo perfecto necesitamos de la guía y sabiduría Divina. Si estás buscando un trabajo, no te conformes con cualquier clase de trabajo. Verdaderamente te mereces un buen trabajo y bien remunerado. Ya te puedo oír en este momento que estás leyendo estas líneas, argumentando contigo mismo y quizá diciéndote: "Pero es que no hay trabajo, ni lo voy a encontrar". En primer lugar, permítenos decirte que dejes de pensar de esa manera, o más bien, que debes rechazar esa actitud negativa de que no hay trabajo, porque sí lo hay. En el mundo de Dios siempre existe un trabajo perfecto para todo aquél que desee compartir sus conocimientos y experiencias, o para lo cual se ha preparado intelectualmente. Es ese trabajo el cual disfrutarás al hacerlo y además te pagarán por ello. Como el artista que canta. Él disfruta su trabajo cantando y además le pagan por cantar. Si realmente buscas un trabajo perfecto para ti, tienes que seguir los siguientes pasos: Primero, agradece a Dios porque te da la oportunidad de compartir tus conocimientos y experiencias, así como la teoría que has aprendido al estudiar cierta carrera (si es que la has hecho). Segundo, sinceramente has decidido encontrar ese trabajo. Podemos tratar de engañar a otros pero a nosotros mismos no nos podemos engañar. Hay quienes buscan con el deseo de no encontrar, y por esta razón no encuentran. La ley mental te da lo que estás seguro de querer, como lo dijera el Gran Maestro: "Te será dado, en la medida que tú creas"; ¿te quedó claro? Y, por último, entre más solicitudes llenes y lleves, más oportunidades tendrás de que te llamen. Tú siempre tienes el poder de elección, así que úsalo correctamente. Jamás pienses que no vas a ser empleado cuando entregues una solicitud. Por el contrario afirma: "SI ESTE ES EL LUGAR PARA EL TRABAJO PERFECTO, YO DOY GRACIAS A DIOS POR EL EMPLEO". Para reforzar tu fe en esto, antes de llevar una solicitud di esta oración calmadamente:

"DIOS ES AMOR, Y ÉL SE EXPRESA A TRAVÉS
DE MÍ EN FORMA DE SERVICIOS PRESTADOS
A OTROS.

"YO SÉ QUE HAY UN TRABAJO PERFECTO
Y BIEN REMUNERADO PARA MÍ.

"YO TENGO CONFIANZA EN DIOS PORQUE ÉL
ES LA FUENTE INAGOTABLE DE TODO BIEN
Y SATISFACE TODAS MIS NECESIDADES.

"SU INTELIGENCIA ME ORIENTA Y GUÍA HACIA
ESE TRABAJO PERFECTO PARA EL CUAL YO
ESTOY LISTO Y PREPARADO.

"EN ESTE MOMENTO, EL EMPLEO PERFECTO
QUE NECESITO YA ESTÁ ESPERÁNDOME.

"EL DESEO QUE TENGO DE TRABAJAR VIENE A
SER LA RESPUESTA QUE RECIBO A MI ORACIÓN.

"YO AHORA ME UNIFICO CON EL PODER EN MÍ,
EL CUAL ME LLEVA A ENCONTRAR
EL TRABAJO PERFECTO.

"YO SOY UNO CON LA MENTE ÚNICA Y FORMO
UNA MISMA UNIDAD CON MI EMPLEADOR
Y CON EL PUESTO PERFECTAMENTE ADECUADO
A MI CAPACIDAD.

"YO AHORA LIBERO DE MI MENTE TODA
ANSIEDAD O TENSIÓN PORQUE ESTOY SEGURO
QUE DIOS EN MÍ ESTÁ HACIENDO LO NECESARIO
PARA QUE SU VIDA PERFECTA SE EXPRESE A
TRAVÉS DE MÍ.

"YO TE DOY GRACIAS DIOS POR LA ABUNDANCIA
Y PROSPERIDAD QUE TIENES PARA MÍ Y PARA
TODOS. YO VERDADERAMENTE CREO EN TODO
LO QUE ESTOY AFIRMANDO Y DOY GRACIAS POR
ELLO, SABIENDO QUE ASÍ ES".

PARA CAMBIAR DE TRABAJO

Si actualmente no te sientes satisfecho o contento en el trabajo que estás realizando, puedes encontrar el trabajo que satisfaga tus deseos y necesidades. Si esto es lo que quieres, te sugerimos que antes de renunciar o abandonar el actual trabajo, es necesario que sigas los siguientes pasos: Agradece a Dios, a la empresa, institución o patrón que te haya empleado. Aunque no estés conforme con lo que te pagan, tienes que agradecer por ello. Lo aceptes o no, lo creas o no, gracias a Dios y a ellos tienes ese trabajo por ahora. Al salirte de él tienes que hacerlo con gratitud, en paz y armonía. Si no lo haces y te vas resentido o disgustado, será muy difícil que alguien te pueda emplear. Es muy importante dejar siempre las "puertas abiertas" porque nunca sabemos si algún día te puedan llamar porque se dieron cuenta que eres muy importante para ellos y te darán un mejor puesto aumentándote el salario. Hay personas que piensan que no tienen por qué agradecer el trabajo que tienen. Algunas dicen: "para la miseria que me pagan", o: "no se merecen mi gratitud, son unos negreros", etc. En cambio, si damos lo mejor de nosotros haciendo todo lo mejor que sabemos y podemos, cuando estamos cooperando con los demás, contribuyendo con ideas para mejorar en todo, automáticamente seremos recompensados sin siquiera pedirlo. Desde luego que siempre hay un tiempo o ciclo que se cierra y otro que se abre a nuevas oportunidades donde podamos expandir nuestros conocimientos. Si este es tu caso, entonces afirma:

"DIOS ES AMOR Y ÉL SE EXPRESA A TRAVÉS
DE MÍ EN FORMA DE SERVICIOS PRESTADOS
A OTROS. PADRE; TÚ SABES QUE YA NO ESTOY
A GUSTO EN ESTE TRABAJO QUE AHORA
ESTOY DESEMPEÑANDO.

"YO AHORA ESTOY LISTO PARA ALGO MEJOR.
YO DOY GRACIAS POR EL TIEMPO QUE HE
PERMANECIDO EN ESTE TRABAJO Y DEL CUAL
HE OBTENIDO MÁS EXPERIENCIAS
EN MI VIDA.

"YO LE DOY GRACIAS A: (Menciona la compañia
o el nombre de tu patrón) POR EL TIEMPO QUE
ME HAN PERMITIDO ESTAR EN ESTE TRABAJO
Y DEL CUAL HE RECIBIDO PARTE DE MI
PROSPERIDAD.

"YO AHORA ESTOY AGRADECIDO Y PREPARADO
PARA DEJAR ESTE TRABAJO, EXPANDIR MIS
CONOCIMIENTOS Y HABILIDADES EN OTRO,
QUE SEA MEJOR REMUNERADO.

"EN ESTE MOMENTO, EL EMPLEO PERFECTO QUE
NECESITO YA ESTÁ ESPERÁNDOME. YO ME
UNIFICO CON EL PODER EN MÍ EL CUAL ME
LLEVA A ENCONTRAR ESTE TRABAJO.

"YO SOY UNO CON LA MENTE ÚNICA Y FORMO
UNA MISMA UNIDAD CON MI EMPLEADOR
Y CON EL CARGO PERFECTAMENTE ADECUADO
A MI PREPARACIÓN Y CAPACIDAD.

"YO LIBERO DE MI MENTE TODA ANSIEDAD
O TENSIÓN PORQUE ESTOY SEGURO QUE DIOS
ESTÁ HACIENDO LO NECESARIO PARA QUE SU
VIDA SE EXPRESE A TRAVÉS DE MÍ EN ESTE
NUEVO TRABAJO.

"GRACIAS DIOS POR LA ABUNDANCIA Y
PROSPERIDAD QUE TIENES PARA MÍ Y PARA TODO
AQUEL QUE COMO YO RECONOCE QUE TÚ ERES
NUESTRA ÚNICA FUENTE INFINITA DE
PROVISIÓN Y TODO BIEN.

"YO LO CREO, YO LO ACEPTO CON GRATITUD,
SABIENDO QUE ASÍ ES".

LA PRESENCIA DIVINA

Sabemos que Dios, o La Presencia Divina, es Omnipresente; esto significa que está presente en todas partes, no sólo en este plano terrenal, sino en todo el universo. Por lo tanto, Él está donde yo estoy y yo soy lo que Él *Es* —Espíritu Puro. Asimismo, se nos ha dicho que estamos "hechos a Su imagen y semejanza", y si entendemos bien esto también quiere decir que somos seres espirituales antes que humanos. El Espíritu tiene el poder para multiplicarse e individualizarse como tú, como yo, y como todo ser humano. Él nunca se divide, todo lo mantiene en completa unidad dentro de Sí Mismo. Nosotros humanamente vemos separaciones, sin embargo, repito, en lo espiritual somos una unidad indivisible. Es maravilloso saber y entender esta Verdad porque ella nos libera de todo sentido de separación de nuestra Fuente que es el Eterno Creador. El miedo o temor a estar solos desaparece cuando sabemos que Él está siempre con nosotros cuidándonos, guiándonos, inspirándonos y protegiéndonos de todo daño. Indudablemente que esto será lo mejor que un padre o madre pueda decirle a su hijo antes de irse a dormir: "Duerme tranquilo, hijo mío, Dios está contigo velando y protegiéndote mientras duermes". Igualmente cuando sale de casa, ya sea para ir a la escuela o al trabajo: "Dios va contigo, delante de ti, abriendo el camino y haciéndolo seguro hasta tu destino". Esto le dará confianza y seguridad en sí mismo, tanto al niño como al adulto. Practica esta Verdad en tu vida, principia contigo mismo. Al salir de tu hogar di para ti mismo: "Yo no estoy ni voy sólo. Dios va conmigo, se queda con mi familia y está donde mi hijo está y donde Él está todo está bien". Igualmente practica la siguiente oración:

"SÓLO HAY UNA PRESENCIA Y UN SOLO PODER EN MI VIDA, DIOS: EL BIEN OMNIPRESENTE.

"Y YO SOY UNO CON DIOS PORQUE EN ÉL YO VIVO, ME MUEVO Y TENGO MI SER.

"SABIENDO ESTA VERDAD, YO ESTOY LIBRE DE TODO TEMOR PUES EL ESPÍRITU DEL ALTÍSIMO EN MÍ ES MI SEGURIDAD.

"YO SOY UN SER ESPIRITUAL: JOVEN, FUERTE Y SALUDABLE, CONFIADO Y CAPAZ.

"YO TENGO LA HABILIDAD PARA HACER TODO LO QUE NECESITE HACER, PUES SOY UNO CON LA TODO SUFICIENTE SUSTANCIA DEL UNIVERSO.

"Y EN ESTA CONCIENCIA DE UNIDAD ESPIRITUAL, JUNTO CON EL GRAN MAESTRO JESÚS AHORA AFIRMO:

"YO SOY EL PAN DE VIDA...
YO SOY LA LUZ DEL MUNDO...
YO SOY LA RESURRECCIÓN Y LA VIDA...
YO SOY EL CAMINO, LA VERDAD Y LA VIDA...
Y ASÍ ES".

PARA ERRADICAR TODO SUFRIMIENTO Y LIMITACIÓN

Nosotros afirmamos y verdaderamente creemos que todo principia y termina en nuestra mente. También sabemos que todo es Mente, Principio, Causa o Dios. Nuestro Creador jamás nos limita, somos nosotros los que nos limitamos al pensar que, "a lo mejor estoy pidiendo demasiadas cosas buenas y tal vez no las merezca", o "me conformo con lo poco que tengo; no debo aspirar algo más". Con este pensar, es como el hombre vive carente de muchas cosas pudiendo tener eso y más, pues Dios está más dispuesto a darnos que nosotros a recibir. Sin embargo, Él no puede darnos algo que nosotros no creamos merecer. Nuestro Padre espiritual es muy respetuoso con la libertad que nos dio —el libre albedrío— para aceptar o rechazar, creer o dudar. Tú tienes que aprender a creer y aceptar que mereces tener todo lo necesario y algo más para vivir una vida feliz, sin carencias ni limitaciones. Debes de aceptar que como hijo de Dios, eres heredero de todo el bien que Él posee. Jesús nos invita a creer esto cuando nos dice: "Es el placer del Padre daros el reino". Así pues, no demores más vivir tu existencia como el Padre celestial la ha diseñado para ti, una vida plena. Para lograr esto afirma de la siguiente manera para que elimines todo bloqueo mental y abras las puertas de tu mente al fluir de la abundancia:

"YO; (menciona tu nombre completo) ME PERDONO A MÍ MISMO POR TODOS LOS ERRORES Y FALTAS QUE HAYA COMETIDO EN EL PASADO.

"DE UNA U OTRA FORMA YO YA HE PAGADO POR ELLO AL DARME CUENTA Y HABER

SUFRIDO; POR LO TANTO NO HAY RAZÓN PARA SEGUIR SUFRIENDO.

"YO AHORA LIBERO DE MI SUBCONCIENCIA TODO RESENMIENTO O JUZGAMIENTO HECHO INCONSCIENTEMENTE, HAYA SIDO EN CONTRA MÍA O DE ALGO O ALGUIEN MÁS.

"ENFÁTICAMENTE YO AHORA ORDENO: ¡NO MÁS SUFRIMIENTOS NI LIMITACIONES! DE NINGUNA CLASE O FORMA EN MI VIDA.

"YO AHORA DECLARO QUE TODO MI PASADO QUE FUE CONTRARIO A MI BIEN, HA SIDO DESTERRADO, OLVIDADO Y SANADO DE MI MENTE.

"MI PRESENTE ES FELIZ Y PROVISTO DE TODO LO BUENO.

"YO AHORA SOY UN SER LIBRE; LIBRE PARA SER Y HACER TODO LO QUE MI CREADOR QUIERE EXPRESAR A TRAVÉS DE MÍ.

"ES MI DERECHO DIVINO VIVIR AHORA RODEADO DE TODO LO BUENO QUE MI PADRE CELESTIAL YA ME HA DADO.

"YO RECLAMO AHORA ESTE DERECHO Y LE DOY GRACIAS AL PODER PERFECTO QUE ESTÁ EN MI QUIEN HACE REALIDAD MI DESEO.

"EN MI MENTE NO HAY LÍMITE NI TIEMPO PARA RECIBIR MI BIEN; MI PROVISIÓN LLEGA OPORTUNA- MENTE, EN EL MOMENTO PRECISO DE CADA COSA.

"YO CREO ESTA VERDAD, YO LA ACEPTO CON GRATITUD, SABIENDO QUE ASÍ ES".

DEJA QUE LA PERFECCIÓN
SE EXPRESE EN TI

Si eres de las personas que dice, "Nadie es perfecto", indudablemente que con esa actitud no podrás experimentar la perfección que ya existe dentro de ti. Tú debes saber que hay un patrón divino de perfección para tu cuerpo, un diseño perfecto para que vivas gozando de salud completa y permanente. Asimismo, fuiste creado como un ser ilimitado espiritualmente. Si has limitado esta expresión ha sido por la falta de información o, como se dice también, por ignorancia. Desde luego que nadie es ignorante, lo que pasa es que no hemos sido informados correctamente sobre quiénes verdaderamente somos. Nos han hecho saber que somos seres humanos, nos han enseñado a vernos como personas; y como tales, lógicamente que somos limitados, expuestos al contagio, la enfermedad, a sufrir, a ser débiles, pobres y desdichados, carentes de todo. Y por esta razón las personas buscan externamente recuperar la salud tomando esto o aquello, procurando el sustento esforzándose físicamente, peleando con todos por tener las cosas necesarias para vivir "más o menos". Hace más de dos mil años vino un gran profeta a decirnos: "Yo he venido al mundo para que tengan vida, y la tengan en abundancia"... "Buscad primero el reino de Dios y Su justicia, y todo lo demás os será dado por añadidura". En otras palabras, Él vino a enseñarnos la Verdad y dijo: "El espíritu de la Verdad os hará libres". Sí, libres para siempre de toda falsa creencia o sugestión. Que como hijos de Dios, somos seres espirituales e ilimitados. Acepta que eres un ser espiritual y deja que esa perfección y poder surja de dentro hacia fuera pues "como es por dentro es por fuera". Afirma:

"YO SÓLO ACEPTO LA PERFECCIÓN DE DIOS QUE HAY EN MÍ. EL ESPÍRITU DE DIOS EN MÍ ES MI FORTALEZA, VITALIDAD Y PERFECCIÓN.

"EL ESPÍRITU DIVINO FLUYE LIBREMENTE A TRAVÉS DE MIS PENSAMIENTOS, CONSECUENTEMENTE FLUYE A TRAVÉS DE TODO MI CUERPO, MANTENIÉNDOLO SIEMPRE SALUDABLE Y PERFECTO.

"YO SOY UN SER ESPIRITUAL, UN HIJO DE DIOS PERFECTO Y ARMONIOSO.

"YO AHORA RESPIRO VIDA Y MANIFIESTO VIDA PERFECTA.

"NADA PUEDE OBSTRUIR LA EXPRESIÓN DIVINA Y PERFECTA A TRAVÉS DE TODO MI SER.

"EL AMOR QUE ME SOSTIENE HACE QUE YO NO SIENTA NINGÚN DESÁNIMO; POR EL CONTRARIO, ME ANIMA, FORTALECE Y VIVIFICA CADA INSTANTE MÁS Y MÁS.

"YO REALIZO QUE MI CUERPO ES ESPIRITUAL, ÉL ES UNA PERFECTA EXPRESIÓN DIVINA, Y ÉL ES POR SIEMPRE JOVEN, FUERTE Y SALUDABLE.

"LIBERO PARA SIEMPRE DE MI MENTE LA VIEJA CREENCIA DE QUE SOY UN SIMPLE SER HUMANO. AHORA SÉ QUE ANTES DE SER HUMANO, SOY UN SER ESPIRITUAL; Y COMO TAL, SOY DIVINO, PERFECTO E ILIMITADO. YO LO CREO, Y LO ACEPTO CON GRATITUD, SABIENDO QUE ASÍ ES".

SEGUNDA PARTE

PARA VENDER CASA O TERRENO

Es muy importante recordarnos siempre que para Dios nada es imposible. Aunque digamos que confiamos en Él, cuando deseamos hacer una venta dudamos que nos pueda ayudar —esta falta de seguridad se puede considerar normal cuando queremos hacerlo a nuestro modo o manera. Sin embargo, cuando reconocemos que el Todo-Poder y Sabiduría nos guía, nos sorprendemos de lo fácil que resultó la venta que tanto deseábamos hacer.

Nos contaba una persona que trabaja en bienes raíces que cuando le dijimos que pidiera a Dios sabiduría y guía en sus ventas, al principio dudaba hacerlo, pero al cabo de una semana de estar afirmando y dando gracias a Dios porque lo estaba dirigiendo en su nuevo trabajo, él empezó a tener confianza y seguridad en sí mismo, y esto originó que empezara a tener muy buenas ventas, una tras otra y sin ninguna dificultad todo se llevaba a cabo en completa paz y armonía. Sus compañeros le decían que era "suerte de principiante". No obstante, él continúa haciendo cada vez mejores y más grandes ventas.

Nosotros también hemos experimentado esta Verdad, y como testimonio te contaremos lo que realizamos cuando confiamos a Dios lo que nosotros no podemos hacer. Vivíamos seis adultos en una casa con ciertas comodidades, de regular tamaño, con algo de jardín. Uno de los inconvenientes era que sólo había un baño completo y uno medio. Por las mañanas había que hacer "fila" para ducharnos. Cuando llegamos a la filosofía de Ciencia de la Mente, nos dijeron que nadie nos puede limitar, que somos nosotros mismos quienes nos limitamos por las viejas creencias de: "es muy difícil", "no lo merezco", "tengo que conformarme con lo que tengo", etc. Esta forma de pensar origina que cada cual viva con carencias y limitaciones o de acuerdo a sus estados de conciencia. Aquí nos enseñan que como hijos de Dios que somos, merecemos vivir con comodidad, ya que a Él lo glorificamos en la riqueza, salud, prosperidad y éxito, no en lo contrario. Sabiendo esto, decidimos vender la casa para construir una nueva, que fuera adecuada a nuestras necesidades.

Hicimos nuestra oración dándole gracias a nuestro Padre Celestial porque nos guiara al lugar perfecto donde estaría nuestro nuevo hogar; el hogar perfecto que ya nos tenía destinado para vivir con amplitud y comodidad. Asimismo, dimos gracias a la casa que por veinte años nos había servido de morada, pero que ahora habíamos decidido dejarla para vivir en una mejor. Quizá no lo creas, pero en dos días cerramos el trato de la venta de la casa con el vecino de al lado. Y en cuatro y medio meses, ya estábamos viviendo en nuestro nuevo hogar, dos veces más grande y sólo necesitamos una mínima parte más de dinero para terminar de construirla.

Ahora, gracias a Dios, tenemos cuatro baños completos y dos medios, cada cual su propia recámara y espacio, y hasta una recámara para huéspedes. Si no hubiésemos confiado en el Eterno Proveedor, tal vez estaríamos viviendo en el mismo lugar, carentes de muchas cosas.

Creer realmente en nuestro Creador es esperar siempre que pasen cosas buenas. Soltar y dejar ir de nuestra mente todo temor y preocupación origina que no interfiramos para que el propósito o deseo se logre.

En verdad Dios es maravilloso. Él nunca nos falla. Cuando verdaderamente confiamos en su bondad y generosidad, el resultado viene infaliblemente. Te invitamos para que también te pongas a prueba y confíes en el Eterno Dador. Deja que Él te lleve de Su mano en todo momento, pon toda tu fe, confianza y convicción en Él y verás los resultados.

Si deseas vender una casa o terreno, hay alguien que anda buscando eso que tú estás vendiendo. Para que todo marche bien, ponte por un momento en el lugar del comprador y hazte sinceramente la siguiente pregunta: ¿Si tú fueras a comprar lo que vendes, pagarías con gusto el precio? Si la respuesta es sí, entonces estarás en el precio justo y correcto. Te sugerimos que hagas la siguiente oración:

"YO RECONOZCO QUE EL ÚNICO PODER Y LA ÚNICA PRESENCIA ES DIOS Y YO, (*menciona tu nombre completo*) SOY UNO CON ÉL PORQUE MI VIDA ES SU VIDA.

"EN ESTE MOMENTO, LA INTELIGENCIA INFINITA ATRAE HACIA MÍ AL COMPRADOR PERFECTO PARA LA CASA (*o terreno*) QUE ESTOY PONIENDO EN VENTA, LA (*el*) CUAL DEJO EN COMPLETA LIBERTAD DE MI MENTE.

"LA INTELIGENCIA CREADORA DE MI MENTE SUBCONSCIENTE QUE NUNCA SE EQUIVOCA, ESTÁ AHORA ATRAYENDO AL COMPRADOR PERFECTO QUE BUSCA LO QUE YO ESTOY OFRECIENDO.

"ESTA PERSONA PODRÁ VISITAR OTRAS CASAS (*o terrenos*) PERO LA MÍA (*o el mío*) ES LA ÚNICA (o el único) QUE QUERRÁ COMPRAR, PUESTO QUE ESTÁ SIENDO GUIADO POR LA INTELIGENCIA INFINITA DENTRO DE ÉL (o ella).

"LA CONSTRUCCIÓN DE ESTA CASA Y SU UBICACIÓN, ASÍ COMO SU DISTRIBUCIÓN ESTÁN DE ACUERDO A SU PRECIO Y NECESIDADES DEL COMPRADOR. TODO EN ELLA ES PERFECTO Y FUNCIONAL.

"LAS CORRIENTES MÁS PROFUNDAS DE MI SUBCONSCIENTE ESTÁN AHORA EN OPERACIÓN PARA PONERME EN CONTACTO CON EL COMPRADOR IDEAL POR ORDEN DIVINO.

"YO DOY GRACIAS A DIOS POR ESTA FELIZ REALIZACIÓN DE LA COMPRA-VENTA DE ESTA PROPIEDAD; Y ASÍ ES".

DEL PERDÓN

La justicia castiga los errores, pero el perdón los cura, porque el perdón va más allá de la justicia. Perdonar no quiere decir aceptar que abusen de nosotros o continuar con una relación destructiva. Es aceptar a la persona tal y como realmente es en esencia: Un ser espiritual; un Hijo e Hija de Dios.

Las personas nos hieren en una forma inconsciente porque ellas sólo están reaccionando y dejándose llevar por sus impulsos; verdaderamente no razonan ni piensan conscientemente. Por esta razón debemos de perdonar y pedir perdón por las fallas humanas que todos tenemos, ya que a través de ellas estamos creciendo espiritualmente.

El rehusarnos a perdonar es continuar hiriéndonos e hiriendo a los demás. El perdón siempre es posible darlo aún con aquellos que podamos considerar que no lo merecen. El perdón es el testimonio de lo bueno de Dios que hay dentro de cada cual.

El perdón es la real y única medicina que cualquier doctor puede prescribir para aliviar y erradicar para siempre la enfermedad de su paciente. Piensa en el perdón como un don divino que se te ha dado, por lo tanto es un privilegio el que puedas hacer uso de él, y al hacerlo, el más beneficiado siempre serás tú.

No trates de cambiar a alguien porque no lo lograrás y sí te puedes frustrar por no lograrlo. Tú y todos por igual somos únicos, seres individuales, diferentes en todos los aspectos. Analiza y comprobarás que no enojándote o guardándote un resentimiento lograrás cambiar a alguien.

En cambio, si perdonas, este sentimiento te cambiará a ti para algo mejor.

El perdón requiere determinación, sinceridad y una disciplina **mental**. Puedes encontrar dentro de ti toda la fortaleza y **sabiduría** necesarias para lograrlo si te decides hacerlo. Existe en tu interior un poder que te responde y corresponde a tu confianza, fe y convicción.

No demores más tu salud, bienestar, felicidad y éxitos en tu vida. Limpia tu mente de todo sentimiento negativo, principalmente del resentimiento, coraje o rencor. Recuerda que el mejor antídoto para esos pensamientos y sentimientos negativos es el perdón y no te cuesta ni un centavo, eso sí, tú tienes que hacerlo. Jesús nos dice: *"Perdona y serás perdonado"*. Afirma:

PARA PEDIR PERDÓN

"YO, *(menciona o escribe tu nombre completo)* RECONOZCO QUE *(menciona o escribe el nombre del ofendido)* ES UN SER ESPIRITUAL AL IGUAL QUE YO, POR CONSIGUIENTE AMBOS FORMAMOS UNA MISMA UNIDAD CON NUESTRO PADRE CELESTIAL Y CREADOR.

"YO SÉ QUE PARA VIVIR EN DIOS NO DEBE DE HABER DISCORDIA, RESENTIMIENTO NI CULPA. POR LO TANTO, HUMILDEMENTE YO TE PIDO PERDÓN POR EL DAÑO QUE INCONSCIENTEMENTE TE HAYA HECHO. HAYA SIDO ESTO REAL O IMAGINARIO PARA TI.

"ASÍ COMO YO TE HE PERDONADO DE
CORAZÓN, TÚ YA ME HAS PERDONADO
TAMBIÉN. AHORA AMBOS SOMOS LIBRES
DE TODO RESENTIMIENTO, CONDENACIÓN
O CULPA. DIOS TE BENDICE Y YO TE BENDIGO
TAMBIÉN. TE DESEO TODA LA FELICIDAD
QUE YO QUIERO PARA MÍ.

"ES NUESTRO DERECHO DIVINO VIVIR FELICES
Y RODEADOS DE TODO LO BUENO QUE NUESTRO
PADRE YA NOS HA DADO. GRACIAS DIOS POR
HABERNOS DADO EL DON DEL PERDÓN Y POR
HABERNOS PERDONADO Y COLMADO DE
BENDICIONES.

"YO AHORA TE LIBERO DE MI MENTE Y TÚ ME
HAS LIBERADO DE TU MENTE TAMBIÉN. EN ESTA
FORMA AHORA SOMOS LIBRES Y CADA CUAL
ESTÁ EN EL LUGAR PRECISO QUE DEBE SER.

"YO ASÍ LO CREO Y LO ACEPTO CON GRATITUD,
SABIENDO QUE ASÍ ES".

En una ocasión vino a vernos una señora **porque le ha-**
bía dicho su doctor que tenía unas **manchas en su cuerpo**
y que tenía que hacerle unos estudios **muy minuciosos**
porque al parecer era principio de cáncer. Que se fuera
preparando para una operación. Cuando le dijo esto, ella
entró en una crisis de miedo. No podía creer lo que le
estaban diciendo, se preguntaba dentro de sí misma: "¿Por
qué me pasa esto a mí?", "¿qué debo hacer, si me opero y

no resisto la operación, qué va a pasar con mis hijos, quién los cuidará?". Ésta era su principal preocupación.

Una amiga le habló de Ciencia de la Mente y que nosotros la podíamos ayudar, que debería de tomar otra opinión antes de operarse. Fue así como llegó a nuestro consultorio. La maestra Alida la atendió y brevemente le explicó cómo funciona nuestra mente; cómo nuestros pensamientos y palabras originan cosas. Estuvieron dialogando y argumentando hasta hacerle sentir confianza y calma. Luego habló con sinceridad de lo que estaba experimentando y fue así como llegaron a la causa que estaba originando su malestar.

Dijo que la relación entre ella y su suegra no había sido muy buena. La mamá de su esposo siempre se opuso a sus relaciones. Días antes de casarse ya no le dirigía la palabra y siempre la evadía. Después de salir de la iglesia fingió sentirse mal y ya no asistió a la recepción. Durante el tiempo que tienen de casados —que son cuatro—, son contadas las ocasiones que ha ido a su casa, y las veces que fue para visitarla, siempre estaba enojada. En ocasiones discutían acaloradamente por cosas insignificantes, hasta que intervenía su esposo para poner paz. Nada de lo que hacían o decían sus hijos estaba bien, que no era buena madre y que los tenía muy mal edu-cados.

Aparentemente la suegra —que había quedado viuda— estaba celosa y resentida porque su hijo, siendo el mayor y sostén de la casa, se había casado. Con toda esta información ya se podía traslucir la causa que estaba originando su enfermedad. Para erradicar la causa, tenía que usar un método adecuado, y así el efecto desaparecería. En primer lugar, se le dijo que tenía que perdonar a su suegra, y segundo, que debía de perdonarse ella misma. Al principio estaba renuente a hacerlo porque decía que ella no tenía culpa alguna, que toda la culpa era de la suegra. Al razonar llegó a la conclusión que si lo hacía, la beneficiada sería ella, puesto que estaba pagando caro la desarmonía que había entre ambas con la enfermedad en su cuerpo.

Después de cuatro sesiones y las oraciones del perdón, así como otras afirmaciones, en un mes y medio, al ir de nuevo con su doctor para un chequeo, el médico se sorprendió al ver que en las radiografías y análisis no aparecía nada. Como ya dijimos, al quitar la "causa", el "efecto" tuvo que desaparecer. Si ella se hubiera operado, el cirujano quitaría el efecto pero posteriormente aparecería la enfermedad en otro lugar de su cuerpo porque la causa no fue erradicada. El cirujano extirpa el efecto más no la causa porque ella es mental, no física.

PARA ELEGIR
LA CARRERA IDEAL

Muchos jóvenes al terminar sus estudios de preparatoria y tener que elegir una carrera, se encuentran confundidos e indecisos por cuál carrera seguir. En otras palabras, desorientados para tomar una decisión propia y tienen que acudir por ayuda o asesoría.

No dudamos que haya maestros o personas muy capacitadas intelectualmente en esta materia de asesoría, pero si ellas espiritualmente no están bien centradas, es decir, han complementado sus estudios intelectuales con los espirituales, entonces correrán el riesgo de no dar una buena orientación.

Como seres humanos estamos expuestos a fallar, pero espiritualmente no existe error, como dice la frase: "Todos los errores son humanos, lo espiritual no sabe fallar".

Por ejemplo, vamos a la escuela para aprender a leer, incrementar nuestros conocimientos y a través de lo cual también adquirimos más inteligencia. No obstante, y con todo esto, seguimos corriendo el riesgo de equivocarnos en algunas cosas.

En cambio cuando hacemos las cosas con sabiduría —la cual nos viene de nuestro Creador, El Padre Eterno quien es Omnisciente, todo lo sabe porque Él es Omnisapiente—, no habrá riesgos. Este don divino todos lo poseemos puesto que somos "imagen y semejanza de nuestro Creador" como lo dice la Biblia.

Si nos sintonizamos con la Sabiduría Divina —Dios— para agradecerle por la sabiduría que nos ha dado, entonces podremos elegir sin riesgo alguno la carrera ideal, la cual "sentimos" es la apropiada.

La siguiente oración ha sido probada por muchos jóvenes que como tú tenían este dilema. Ellos fueron inspirados para hacer la elección apropiada en su carrera profesional y ahora son personas con éxito.

Tal vez te parezca demasiado sencillo para que pueda ser verdad, sin embargo, te decimos que lo más sencillo es lo más efectivo. Por ejemplo, tener una vida feliz es de lo más simple, nosotros mismos la hacemos difícil porque se nos ha programado para ver la vida difícil. Sin darnos cuenta, inconscientemente estamos originando que así sea, al creer en lo difícil. Si lo deseas, puedes comprobar lo que te estamos diciendo afirmando pausadamente de la siguiente manera:

"LA INTELIGENCIA DIVINA QUE ESTÁ EN MI SUBCONSCIENTE ME GUÍA Y ME REVELA LA CARRERA PERFECTA QUE YO DEBO ESTUDIAR Y SEGUIR.

"YO RECONOZCO Y ACEPTO QUE LA SABIDURÍA DEL PODER DIVINO EN MÍ, ME ESTÁ AHORA RESPONDIENDO A LO QUE YO DESEO SABER.

"LA RESPUESTA LLEGARÁ EN EL MOMENTO PERFECTO Y EN LA FORMA CORRECTA Y CLARA, LA CUAL YO COMPRENDERÉ SIN DUDAR.

"LO QUE YO SIENTO Y RECLAMO DENTRO DE MÍ, SE EXPRESA FUERA Y A TRAVÉS DE MÍ.

"YO AHORA ME MANTENGO ABIERTO Y
RECEPTIVO A MI GUÍA DIVINA EN COMPLETA
CALMA Y EN PERFECTA PAZ.

"EXISTE PERFECTO BALANCE Y EQUILIBRIO
DENTRO Y FUERA DE MÍ.

"YO ASÍ LO SIENTO.

"YO ASÍ LO CREO,
LO ACEPTO CON GRATITUD,
SABIENDO QUE ASÍ ES. AMÉN".

PARA TOMAR DECISIONES CORRECTAS

Puede haber ocasiones en nuestra vida que necesitemos de tomar una decisión ante cierta situación que podamos enfrentar. Si en nuestra mente hay confusión por múltiples retos que encaramos, es casi seguro que no podremos pensar conscientemente y ver con claridad la mejor opción. Nunca tomes una decisión a la ligera o si estás enojado o confuso. Si este es el caso, es importante que te tranquilices y hagas una meditación para que te puedas conectar con la Sabiduría Infinita. Si lo haces, ten la seguridad que siempre obtendrás la respuesta adecuada para tomar una decisión acertada. Cuando le permitimos a la Inteligencia Infinita dentro de nosotros obrar a través de nosotros, nunca correremos riesgos.

Afortunadamente para cualquier problema que podamos enfrentar, siempre hay una solución perfecta. Lo que sucede es que por lo general siempre queremos solucionar las cosas nosotros mismos —nuestra persona, el ego personal—, sin tomar en cuenta que humanamente no pensamos conscientemente, sólo estamos reaccionando ante situaciones, condiciones o con personas. Y esto es normal cuando tomamos las decisiones basados en nuestra conciencia humana. Sólo reaccionamos porque así lo hemos establecido después de haber sido influenciados o sugestionados por la conciencia racial o personas que nos rodean.

Por ejemplo, cuando eras niño te dijeron que nunca deberías hablar con una persona extraña porque te podía hacer daño. Si tú lo creíste —puesto que te lo dijeron tus padres, y lo que ellos decían era verdad para ti—, es lógico que aún de adulto, sigues rehuyéndole a alguien que no conoces y cuando te enfrentas a un desconocido hasta llegas a pensar: "Esta persona me cae mal aunque nunca la he tratado". Bueno, ahora puedes razonar y deducir que esa creencia es falsa puesto que nadie se te anda apareciendo o buscándote para hacerte daño.

En todas partes del mundo y culturas, de una u otra forma, las personas han sido influenciados y sugestionados al no saber cómo rechazar todo esto, haya sido por la falta de información o ignorancia.

Vigila tus reacciones y te darás cuenta que muchas de ellas han sido basadas en la información que otros te han hecho creer, aparte de las que tú has considerado. Desde luego que también tenemos reacciones que son positivas. En este caso, esas hay que dejarlas ahí, pero las que consideramos que son falsas o negativas, tenemos que eliminarlas, de lo contrario, siempre correremos el riesgo de expresarlas inconscientemente y si nosotros no lo hacemos, nadie podrá hacerlo por nosotros.

En nuestra memoria guardamos innumerables recuerdos e imágenes de sucesos o vivencias que hemos tenido. De esto también depende nuestras reacciones presentes. Podemos sentirnos seguros ante ciertas situaciones que enfrentemos porque en el pasado ya las hemos vivido y hemos salido adelante. En otras posiblemente nos sintamos inseguros, indecisos e inciertos porque también con anterioridad lo vivimos y sufrimos al no lograr sobreponernos al fracaso.

Cuando llegamos al conocimiento de la Verdad, o sea, de conocer quiénes verdaderamente somos, no solamente como seres humanos, sino que somos primeramente seres espirituales, entonces iniciamos la liberación de nuestra mente de las falsas creencias y sugestiones que hayamos sufrido en el pasado. Nos damos cuenta que como seres espirituales tenemos el poder de rechazar todo lo que consideremos que no sea para nuestro bien. También sabemos que nadie tiene poder sobre nosotros —a menos que así lo creamos—, ni nadie puede obligarnos a creer en algo que no nos convenga.

Si tú o alguien está experimentando confusión para tomar alguna decisión, entonces esta es la oportunidad para que experimenten la solución para ese reto. Recuerda esto: Humanamente somos limitados, pero espiritualmente somos ilimitados. Entonces recurre al Poder Perfecto que hay en ti, quien es sabiduría y te dará la respuesta perfecta y adecuada. Lo único que tienes que hacer es creer, poner tu fe y convicción en él e inevitablemente tendrás lo que quieres. Esto te parecerá imposible, pero debes saber que cuando alguien dijo que los barcos de vapor no se podrían sostener en el mar, ante la incredulidad de muchos, éstos funcionaron. Este es uno de los miles de hechos que han ocurrido en la historia de la humanidad con tanta invención. Todo esto principió primero en la mente, luego a través de ideas vino la manifestación o expresión. Así que no dudes y ponlo en práctica afirmando:

"YO RECONOZCO QUE LA ÚNICA PRESENCIA Y EL ÚNICO PODER QUE EXISTE EN EL UNIVERSO ES DIOS, EL PADRE OMNISAPIENTE. *Y YO, (menciona tu nombre completo) SOY UNO CON ÉL.*

"YO SÉ QUE EN LA MENTE DIVINA —DE LA CUAL YO SOY PARTE—, SIEMPRE HAY UNA SOLUCIÓN PERFECTA PARA TODA SITUACIÓN.

"LA INTELIGENCIA INFINITA DENTRO DE MÍ DISIPA DE MI MENTE AHORA TODA CLASE DE CONFUSIÓN.

"LAS SOLUCIONES PERFECTAS HASTA AHORA DESCONOCIDAS PARA MÍ, SE ME REVELAN CON ASOMBROSA EXACTITUD CUANDO ME SINTONIZO CON LA FUENTE DE TODO CONOCIMIENTO.

"SÉ QUE TODO PROVIENE DE LA MENTE ÚNICA EN CUANTO COBRO CONCIENCIA DE ELLA Y DE SU EXISTENCIA.

"NADIE SALE PERJUDICADO CUANDO ES DIOS QUIEN DECIDE POR NOSOTROS. SU SABIDURÍA EN MÍ DECIDE POR MÍ Y POR ESTA RAZÓN YO NO COMETO ERRORES NI FALLAS AL ESCOGER MI BIEN.

"EN CUANTO RECURRO AL OMNISCIENTE PODER QUE HAY EN MÍ, DEJA DE PESAR SOBRE MIS HOMBROS LA CARGA DE LA RESPONSABILIDAD Y APARECE ANTE MÍ CON TODA CLARIDAD LA FORMA EN QUE DEBO DE PROCEDER EN TODO SITIO, EN TODO MOMENTO Y EN TODA SITUACIÓN.

"YO RECONOZCO LA EXISTENCIA DEL PODER PERFECTO QUE HAY EN MÍ, Y ESTE PODER DIRIGE MIS PASOS HACIA LA SOLUCIÓN PERFECTA.

"GRACIAS DIOS POR LA SOLUCIÓN CORRECTA QUE REQUIERO AHORA. ELLA LLEGA A MÍ AL ABRIR MI MENTE AL FLUIR DE TU SABIDURÍA PARA SABER QUÉ DECISIÓN DEBO TOMAR.

"YO ASÍ LO CREO, YO ASÍ LO DECLARO, SABIENDO QUE ASÍ ES".

CÓMO ATRAER A LA PAREJA
IDEAL O AFÍN

Nuestra vida no será completa si no tenemos con nosotros una pareja que sea afín a nuestros gustos y actividades. Si no es el cien por ciento, cuando menos con un
setenta, el resto lo podemos complementar juntos. Todos
deseamos encontrar una persona que nos ame sincera e
incondicionalmente, que nos valore no por lo que tenemos sino por lo que realmente somos —seres espirituales.
Una que nos haga sentir que somos importantes para ella,
que nos apoye en nuestros deseos de mejorar para ambos,
tener una mejor calidad de vida, que nos estimule para
seguir superándonos y hacernos más fácil la existencia. Una
que sea atenta, bondadosa, honesta y sincera.

Tal vez puedas considerar esto como un sueño o fanta-
sía, pero en verdad te decimos que lo puedes realizar si te
lo propones. Desde luego que si deseas atraer a una persona que tenga esas cualidades y virtudes, es necesario que
primero analices si estás expresando todo esto. Si no es
así, entonces primero tienes que externar lo que deseas
que esa persona tenga, porque debes de saber que lo semejante atrae a lo semejante. En otras palabras, si no tienes atenciones, no podrás atraer a una persona que sea
atenta.

La ley de atracción se asemeja a la ley de la naturaleza
que nos da calabazas cuando sembramos semillas de cala-
baza, y sandías cuando sembramos semillas de sandía, ella
no puede darnos un resultado que sea diferente a la clase
de semilla plantada; ¿te quedó claro esto?

Las leyes mentales o espirituales jamás se equivocan al darnos los resultados. Ellas siempre nos darán un resultado igual, de acuerdo a la manera como las usemos. Usamos estas leyes a través de nuestra mente —de nuestros pensamientos y palabras. Por ello al orar, siempre movilizamos una ley mental, y de acuerdo al deseo, una de estas leyes nos dará el resultado. Otro ejemplo de cómo funciona este poder mental que todos poseemos es: Cuando oramos, no debe ser con el propósito de cambiar o pedirle a la ley de matemáticas que nos de el resultado de cinco cuando multiplicamos dos mas dos, sólo porque así decimos que debe ser el resultado. O decirle a la ley de gravedad que pare su acción porque la persona que va a saltar del techo de la casa es el hijo del presidente.

Sería desastroso que ellas accedieran a nuestros erróneos deseos. Y si así fuera este resultado, todo se volvería un caos. Pero esto no es así porque siempre nos darán un resultado matemático, correcto, exacto y perfecto. Son leyes universales e inviolables. Tú puedes probar y comprobar todo esto si deseas encontrar una pareja que sea afín contigo. Pero como ya lo dijimos, primeramente debes de analizar las cualidades y virtudes que actualmente estás expresando y trabajar en las que te falten de externar.

Si durante el tiempo que estás haciendo la oración surge una cita, acéptala. Acepta toda clase de invitaciones y no te resistas ni te preocupes por cualquier cambio que pueda estar surgiendo en tu modo de pensar y actuar. Deja que el Amor Divino que hay en ti te guíe hacia la persona ideal. Ella puede aparecer en el momento y lugar menos esperado. No permitas que la duda, ansiedad o desesperación te perturben porque no has obtenido resultado y ya tienes una semana haciéndolo. Mantente firme y continúa orando, siempre con la expectativa de que llegará en el mejor momento.

Cubierto el requisito, a continuación compartimos contigo dos oraciones para el mismo fin, ambas han sido probadas con resultados positivos. Cualquiera de las dos que hagas —la que vaya más de acuerdo a tu creencia—, será la más efectiva. Eso sí, debes de darle atención diariamente diciéndola varias veces pausada y con sinceridad; con mucha fe, creencia y convicción de que ésta funciona. Ora de la siguiente manera:

PARA ENCONTRAR LA PAREJA IDEAL

"EN ESTE INSTANTE YO, (*Menciona o escribe tu nombre competo*) ESTOY ATRAYENDO AL HOMBRE (*o mujer*) IDEAL, EL CUAL ES BONDODADOSO, HONRADO, FIEL, SINCERO, LEAL, SALUDABLE, ESPIRITUAL, PRÓSPERO, CARIÑOSO Y FELIZ.

"EN ESTE INSTANTE, ESTAS CUALIDADES QUE YO ADMIRO ESTÁN TRANSFIRIÉNDOSE Y ESTABLECIÉNDOSE EN MI MENTE SUBCONSCIENTE COMO MI SINCERO DESEO.

"YO SÉ QUE EXISTE UNA LEY IRRESISTIBLE DE ATRACCIÓN, LA CUAL ME ATRAERÁ AL HOMBRE (*o mujer*) QUE ESTÉ DE ACUERDO A MI CONVICCIÓN SUBCONSCIENTE.

"ÉL (*o ella*) NO QUERRÁ HACERME CAMBIAR NI YO INTENTARÉ QUE ÉL (*o ella*) CAMBIE.

COMO SERES INDIVIDUALES QUE SOMOS,
TENEMOS EL LIBRE ALBEDRÍO PARA
ESCOGER Y DECIDIR.

"YO SÉ QUE EXISTIRÁ ENTRE LOS DOS UNA
MUTUA COMPRENSIÓN, LIBERTAD Y RESPETO.
AL ENCONTRARNOS AMBOS SABREMOS
RECONOCERNOS Y NUESTRA UNIÓN SERÁ
BENDECIDA POR DIOS.

"YO CREO ESTO COMO UNA VERDAD
Y LA ACEPTO CON GRATITUD, SABIENDO
QUE ASÍ ES. AMÉN".

PARA ATRAER A LA PAREJA
QUE SEA AFÍN

"YO SÉ QUE SOY UNO CON DIOS PORQUE
EN ÉL YO VIVO, ME MUEVO Y TENGO MI SER.
DIOS ES VIDA; Y ESTA VIDA ESTÁ
INDIVIDUALIZADA EN TODOS LOS HOMBRES
Y MUJERES POR IGUAL, POR ESTA RAZÓN
SOMOS LLAMADOS LOS HIJOS DE DIOS.

"YO SÉ Y CREO QUE HAY UN HOMBRE (*o mujer*)
QUE ESPERA PARA AMARME Y VIVIR AMBOS
FELICES. YO SÉ QUE PUEDO CONTRIBUIR
A SU PAZ Y FELICIDAD. ÉL (*o ella*) NO DESEA
CAMBIARME, NI YO PRETENDO CAMBIARLO.
EXISTE ENTRE AMBOS MUTUO AMOR;
LIBERTAD Y RESPETO.

"EXISTE SÓLO UNA MENTE. EN ESTA MENTE
YO LO CONOZCO AHORA Y ME UNO A SUS
CUALIDADES Y ATRIBUTOS QUE ADMIRO
Y QUIERO QUE SIEMPRE SE EXPRESEN
EN ÉL (*o ella*).

"YO SOY UNO CON ÉL (*o ella*) EN MI MENTE.
AMBOS NOS CONOCEMOS Y AMAMOS UNO
AL OTRO EN EL PENSAMIENTO DIVINO.
YO VEO A DIOS EN ÉL (*o ella*) Y ÉL (*o ella*)
VE A DIOS EN MÍ.

"HABIÉNDONOS CONOCIDO INTERNAMENTE,
AHORA LO CONOZCO EN LO EXTERIOR,
PORQUE ÉSTA ES LA LEY DE MI PROPIO
PENSAMIENTO Y ASÍ LO MANIFIESTA.

"ESTAS PALABRAS QUE AHORA EXPRESO SON
MI DECRETO Y REALIZADAS POR LA LEY
DE ATRACCIÓN QUE HARÁ QUE NOS
CONOZCAMOS PERSONALMENTE EN EL
MOMENTO CORRECTO.

"YO CREO EN ESTA VERDAD; YO DOY GRACIAS
A DIOS PORQUE TODO ESTÁ YA HECHO,
SABIENDO QUE ASÍ ES. AMÉN".

LA VOLUNTAD DE DIOS
ACTÚA EN MI VIDA

En ocasiones escuchamos a personas decir: "Que sea lo que Dios quiera", y casi podemos asegurar que no han analizado esta frase. Ciencia de la Mente nos enseña que Dios hace por nosotros lo que Él hace a través de nosotros. Si le permitiéramos a Dios hacer todo lo que Él desea hacer por y para nosotros, no careceríamos de nada. Lo que sucede es que el Creador nos dio una libertad para escoger, o sea el libre albedrío, y como no nos dijeron desde un principio esto, usamos esta libertad ignorando el gran poder que tenemos y la responsabilidad que ello implica.

¿Cuántas veces, y durante cuántos años una persona dice: "Es muy difícil", "no puedo hacer esto o aquello", "nunca completo para pagar mis deudas", "las cosas van de mal a peor", "todo me sale mal", "vivo enfermo todo el tiempo", etcétera? Cuando alguien se expresa de esta manera, está usando la libertad que tiene para elegir, y como lo ignora, inconscientemente elige enfermarse y carecer de todo. Tampoco sabe que la ley mental que está usando a través de sus pensamientos y palabras, sólo obedece y crea para él las cosas que está creyendo.

Esta ley no tiene la capacidad para rechazar nada, esa no es su función —repito—, sólo obedece y crea exactamente lo que estamos declarando. Ya sea bueno o malo, verdadero o falso, ten la plena seguridad de que el resultado así será hecho. Y no puedes culpar a nadie puesto que tú lo has elegido. Analiza tu habitual forma de expresión así como tu pensar y puede suceder que si careces de algunas cosas, es porque así lo has estado pensando o diciendo.

Como decimos al principio, al escuchar a personas hablar incoherencias, nosotros le damos gracias a Dios porque tenemos un conocimiento y nunca vamos a decir cosas que no deseamos que vengan a nuestra vida. Y para que esto no nos perturbe, siempre oramos por las personas dándole gracias a Dios para que ilumine su mente y les de sabiduría para que elijan siempre lo mejor. Esta es la mejor ayuda que podemos darles, aunque ellas no lo sepan. Lo que sale de nosotros, siempre retorna a nosotros multiplicado, y si oramos correctamente, siempre seremos bendecidos.

Sabemos que la voluntad de Dios es siempre darnos el Bien o lo Bueno para todos nosotros Sus hijos. *"Que comprendan que Tú eres la Eterna Bondad, el Eterno Bien, la Fuente inagotable de toda provisión. Gracias Padre por haberme escuchado, yo sé que siempre me escuchas. Amén".* Esta oración ayuda más que preocuparse por lo que se dicen, o juzgar, así que, "Haz el bien sin ver a quien". Te invitamos a reflexionar en esto que te estamos diciendo y no te limites más, ni limites al Eterno Proveedor, Él siempre está dispuesto a darte, sólo te pide que creas, tengas fe y convicción en Él.

"Es el placer del Padre daros el reino" nos dijo Jesús, quien probó en él mismo esta verdad. Tienes que saber que a Dios lo glorificamos en la salud, riqueza, prosperidad y todo lo bueno. Nunca en lo contrario. Esta es la voluntad de Dios, que vivamos Su vida —la cual está en nosotros— a plenitud para poder glorificarlo. Prueba esta oración afirmando para ti mismo:

"LA VOLUNTAD DE DIOS SE MANIFIESTA
EN MI VIDA COMO SALUD PERFECTA,
ARMONÍA, FELICIDAD, ABUNDANCIA, ÉXITO,
PROSPERIDAD, PAZ, AMOR Y UNA PERFECTA
EXPRESIÓN EN TODO.

"ES MARAVILLOSO SABER QUE VIVIR EN EL
PRESENTE, EN EL ¡AHORA!, HACE LA SIEMBRA
DE LO QUE MI CREADOR QUIERE EXPRESAR
A TRAVÉS DE MÍ. YO SÓLO ME MANTENGO
CONSCIENTE DE SU PRESENCIA EN MÍ
Y YO UNIDO A ÉL.

"EL TODOPODEROSO SE EXPRESA LIBREMENTE
A TRAVÉS DE MIS PENSAMIENTOS,
CONSECUENTEMENTE FLUYE A TRAVÉS DE
TODO MI SER, MANTENIÉNDOME SIEMPRE
PERFECTO, ALEGRE Y FELIZ DE ACUERDO
A SU VOLUNTAD.

"GRACIAS DIOS POR ESTA MARAVILLOSA
VERDAD, LA CUAL ME MANTIENE EN PERFECTA
ARMONÍA CONMIGO MISMO Y CON TODOS LOS
DEMÁS. MI VIDA ESTÁ EN PAZ. ABIERTA Y
RECEPTIVA A TU DIVINA VOLUNTAD.
Y ASÍ ES. AMÉN"

CÓMO OBTENER UN NEGOCIO PRÓSPERO

En el mundo de los negocios también podemos incluir a Dios, ya que Él obra en todo y a través de todo, incluyendo el negocio. Quizá esto te pueda parecer irrelevante. Pero si analizamos el concepto que se tiene acerca de Dios que es Omnipresente, que quiere decir presente en todo; Omnisapiente, que lo sabe todo; y Omnipotente, que es todo el poder, entonces no hay por qué no nos pueda interesar en invitarlo a ser nuestro Socio Principal en nuestro negocio. Un socio como Él es una garantía, un éxito asegurado en todo.

Por ejemplo, si se necesita de una idea para que progrese el negocio, le decimos al Socio quien es Omnisapiente que nos proporcione la mejor idea para lograrlo sin esfuerzo alguno. Y si estamos considerando que ya es tiempo para expandirnos y abrir nuevas sucursales o centros de trabajo para ayudar a otras personas con fuentes de trabajo y al mismo tiempo poder incrementar nuestras ganancias, también acudiremos al Socio para que nos diga Él, que es Omnipresente, cuál es el lugar apropiado para establecernos.

El Socio que es Omnipotente no tendrá ninguna dificultad para proveernos de todo lo necesario para que todo funcione de acuerdo a Su Plan Divino, el cual es que vivamos en armonía y en paz; rodeados de todo lo necesario. Él nos guiará con Su sabiduría para que logremos todo esto y así en nuestra mente no habrá ninguna preocupación, tensión o temor en cuanto a competencia o escasez.

Cuando fincamos nuestra seguridad financiera en este Socio, no hay preocupación respecto al moviendo que pueda estar sucediendo en el mundo financiero, nuestra dotación de dinero siempre será suficiente y oportuna cuando así se requiera; no importa la fluctuación o pérdidas que pudieran estar ocurriendo en la bolsa de valores; esto no nos perturbará, pues nosotros siempre haremos los cambios necesarios oportunamente y nuestro dinero estará seguro y redituando.

Conocimos a un hombre que tenía un restaurante típico mexicano en los Estados Unidos de Norteamérica. Estaba a punto de cerrarlo y declararse en bancarrota. Cuando lo visitamos por primera vez por invitación de un compañero que estudiaba con nosotros la filosofía Ciencia de la Mente, le propusimos que probara poniendo a Dios como Socio en su negocio. Le sugerimos que solamente él administrara el negocio. Que ese iba a ser su trabajo, sólo administrarlo. El resto lo haría el Socio si él se lo permitía. Que cualquier cosa que se necesitara, incluyendo dinero, que se dirigiera al Socio y le planteara la situación —aunque de hecho no había necesidad, porque el Socio todo lo sabe, pero este hombre no lo sabía—, y que entonces él recibiría instrucciones de qué debería hacer. Pero que tendría que seguir la guía la cual le llegaría a través de su mente, es decir, de su pensamiento o como una idea. Que no argumentara y que lo pusiera en práctica. Y para lograr esto también tenía que orar diariamente. Para ello le dimos dos oraciones que al calce las compartimos con ustedes.

Desde luego que no le fue fácil aceptar o creer lo que le estábamos proponiendo. Lo primero que nos dijo fue que él no era católico ni profesaba ninguna religión. Creció en un hogar donde la familia estaba muy desintegrada y cada quien elegía su propia fe o creencia. Le explicamos que el mencionar nosotros a Dios no significaba que perteneciéramos a cierta religión o que fuera requisito pertenecer a una religión para que Dios nos escuche cuando acudimos a Él por guía. Después de dialogar y hacerle entrar en razón, decidió ponerlo en práctica por una semana, total no le iba a costar nada y sí podrían cambiar las cosas. Respetamos su libertad de elección y dejamos que él tomara la decisión final. Asimismo, le hicimos saber que no era nuestro propósito obligarlo a creer lo que nosotros creíamos, sino que él mismo tenía que convencerse al ver los resultados.

También le explicamos que aunque al principio no tuviera fe en esto, y que si sentía que lo que estaba declarando no era verdad, que no hiciera caso a esa forma de pensar, él tenía que continuar haciendo esto ininterrumpidamente todas las mañanas quince minutos antes de abrir el negocio. Que se sentara muy cómodo y relajado en su oficina sin que nadie lo interrumpiera mientras estuviera haciendo las oraciones. Que pusiera todo lo que estaba de su parte para aceptar esta nueva Verdad que venía a sacarlo del hoyo en que estaba.

Por la noche del tercer día nos habló por teléfono muy entusiasmado para comunicarnos que las cosas habían empezado a cambiar. La gente que había dejado de ir a su restaurante nuevamente volvió, y ahora con personas nuevas como invitados. Éstos a su vez lo recomendaban y la clientela iba aumentando. Su entusiasmo fue creciendo y con más ahínco hacía las oraciones cada mañana. "El Socio —nos dijo— me dijo que debía cambiar el decorado y poner música de fondo de acuerdo al lugar, por lo tanto conseguí de oportunidad un gran lote de música ranchera instrumental y a todo mundo le ha encantado, en verdad, ¡Esto funciona!"

En sólo tres semanas, este hombre logró el éxito que nunca pudo lograr en los cinco años que llevaba abierto su negocio. Este suceso fue una de nuestras primeras experiencias. Esta satisfacción que sentimos al ver que gracias a Dios y la forma correcta de orar, fue lo que originó que este buen hombre resolviera su situación, y su éxito y alegría los hicimos parte nuestra. Con mucha satisfacción y orgullo siempre decimos que: Con Dios todo es posible. ¿Deseas ponerlo a prueba? Lleva a cabo lo que hizo este hombre afirmando con mucha fe, creencia y convicción de la siguiente manera:

"DIOS ES EL SOCIO PRINCIPAL EN ESTE NEGOCIO.

"PADRE; YO TE BUSCO COMO EL SOCIO PRINCIPAL EN ESTE NEGOCIO. YO SÓLO ADMINISTRO LO QUE ES ESTE NEGOCIO Y YO SÉ QUE TODO LO QUE SEA NECESARIO PARA SU ÉXITO, TÚ LO HARÁS.

"EN TODO MOMENTO YO SOY GUIADO POR LA SABIDURÍA DIVINA PARA VER Y HACER TODO LO QUE ES CORRECTO. YO SOY PROVISTO CON DINERO SUFICIENTE PARA EL PROGRESO Y ÉXITO DE ESTE NEGOCIO. TODOS LOS CANALES Y MEDIOS ESTÁN AHORA ABIERTOS Y RECEPTIVOS PARA QUE LA PROSPERIDAD, ABUNDANCIA Y ÉXITO VENGAN A ESTE NEGOCIO.

"YO AHORA DECLARO Y ACEPTO QUE TODOS LOS CONTACTOS CORRECTOS SON ESTABLECIDOS, ASÍ

COMO LAS INFLUENCIAS Y ACTIVIDADES ESTÁN SIENDO PUESTAS EN MOVIMIENTO PARA EL ÉXITO DE ESTE NEGOCIO, PORQUE DIOS, EL SOCIO PRINCIPAL, SABE QUÉ HACER Y CÓMO HACER PARA QUE TODO FUNCIONE DE ACUERDO AL PLAN DIVINO QUE TIENE PARA ESTE NEGOCIO.

"EL UNIVERSO ENTERO RESPONDE A MI CREENCIA, A MIS PALABRAS DE FE; Y LOS RESULTADOS SON CORRECTOS Y PRECISOS. LA GUÍA DIVINA ME PONE EN CONTACTO CON LAS PERSONAS PERFECTAS, EXPRESANDO PALABRAS CORRECTAS EN EL MOMENTO CORRECTO.

"TODOS LOS QUE LABORAMOS EN ESTE NEGOCIO LO HACEMOS CON AMOR, AMABILIDAD, Y DAMOS UN BUEN SERVICIO. LAS PERSONAS VIENEN Y SALEN CONTENTAS Y FELICES DE HABER ESTADO EN ESTE NEGOCIO.

"CON DIOS COMO SOCIO EN EL NEGOCIO, EL ÉXITO Y LA PROSPERIDAD ESTÁN ASEGURADOS. YO DISFRUTO ESTA VERDAD, LA CREO Y LA ACEPTO CON GRATITUD, SABIENDO QUE ASÍ ES. AMÉN".

CÓMO OBTENER UN NEGOCIO PRÓSPERO (II)

"AL YO SABER QUE DIOS ESTÁ IGUALMENTE PRESENTE EN TODAS PARTES, YO SÉ QUE SU DIVINA PRESENCIA ESTÁ AQUÍ EN ESTE NEGOCIO, EL CUAL ES SU NEGOCIO.

"REALIZANDO ESTA VERDAD, YO AHORA ESTOY TRANQUILO, EN PAZ Y EN ARMONÍA CON TODO Y CON TODOS. DIOS ES LA RESPUESTA PARA TODAS MIS NECESIDADES, POR ESO YO DEJO EN SUS MANOS TODA SITUACIÓN EN ESTE SU NEGOCIO.

"AL CONFIAR EN ÉL, TODO SE RESUELVE DE ACUERDO A SU DIVINA SABIDURÍA. YO SÓLO ME DEJO LLEVAR DE SU MANO PARA HACER LO QUE YO NECESITE O DEBA HACER Y LO HAGO CON ALEGRÍA.

"AL MANTENERME ABIERTO Y RECEPTIVO, YO RECIBO LA GUÍA QUE NECESITE. ELLA ME VIENE DE LA FUENTE ÚNICA EN EL MOMENTO PRECISO Y EN UNA FORMA EN QUE YO SIEMPRE LA PUEDO ENTENDER CON CLARIDAD.

"YO DEJO QUE DIOS TRAIGA EL ÉXITO Y LA PROSPERIDAD PERMANENTE EN ESTE SU NEGOCIO. TODOS LOS QUE AQUÍ LABORAMOS

SOMOS HONESTOS, TRABAJADORES,
COOPERADORES, RESPONSABLES Y TODO LO
HACEMOS CON AMOR. SIEMPRE ESTAMOS
DANDO UN BUEN SERVICIO A TODOS.

"DIOS PROSPERA A TODOS LOS QUE LABORAMOS
EN ESTE NEGOCIO, IGUALMENTE TODOS
LOS CLIENTES QUE VIENEN A ÉL, SON
PROSPERADOS. GRACIAS DIOS POR LA
PROSPERIDAD, QUE TODOS TENEMOS AHORA.

"YO CREO Y ACEPTO TODO ESTO COMO
MI ÚNICA VERDAD. YO DOY GRACIAS
POR ELLO, SABIENDO QUE ASÍ ES. AMÉN".

RECOBRANDO NUESTRO ESTADO NATURAL DE SALUD

Si andas buscando recobrar la salud permanente mediante métodos externos, es probable que te pases la vida entera sin conseguirla. Muchas personas toman remedios de todas clases y siempre se están auto medicando por influencias o sugestiones de otras para recobrar la salud. Algunas veces sólo encuentran alivio temporal, luego vuelven a recaer. Otras se inscriben en gimnasios y se pasan horas haciendo ejercicio para conservarse más sanos; y otras hacen dietas de todas clases para reducir de peso, y así como lo consiguen lo vuelven a recuperar por el llamado "rebote". Y también hay quienes toman vitaminas para tener más apetito, comer más y aumentar de peso.

El ser humano por su individualidad es muy complejo de comprender, y sobre todo muy inconforme. Está inconforme porque está pasado de peso o porque está demasiado delgado. Le molesta que le hayan aumentado de categoría a su compañero de oficina —al que no hacía nada, según él. No puede creer que el vecino esté estrenando carro mientras él apenas tiene uno "viejito". Se preocupa porque amaneció lloviendo y el tráfico se congestiona enormemente. Porque salió el sol y no se ha podido comprar lentes oscuros. Y así se pasan los días, semanas, meses y años con esa actitud negativa. Luego vienen los trastornos físicos y no se explica por qué le pasa esto.

La preocupación, recelo y envidia producen tensión, y esto a su vez, origina el desequilibrio físico y mental produciendo la enfermedad en el cuerpo. Nadie nace con estas actitudes, nosotros las adoptamos e inconscientemente experimentamos lo que no queremos —la enfermedad. En la mayoría de los nacimientos el niño o niña nacen sanos, con todos sus órganos funcionando perfectamente. Esta es nuestra naturaleza —la salud perfecta. Y asimismo deberíamos de permanecer todo el tiempo, saludables, fuertes y llenos de energía. El instinto de conservación es el principio de Vida más fuerte en la Naturaleza, y este principio siempre está presente e inherente en nuestra propia naturaleza.

Si mantenemos nuestros pensamientos, sentimientos y emociones centrados en la paz y armonía con este principio de Vida que está en nosotros, estaremos siempre protegidos y saludables. Bajo este control, cualquier condición que llamemos normal como un dolor de cabeza, será restaurada con facilidad, contrario a condiciones anormales inducidas por nosotros mismos en forma inconsciente. Se ha dicho que: *"Es normal estar sano, mientras que es anormal estar enfermo"*. Si una persona está enferma, simplemente significa que está yendo contra la corriente de la Vida porque lógicamente está pensando más tiempo negativa que positivamente.

Si estás carente de salud o si alguien de tu familia o conocido necesita recuperar la salud, esta oración que a continuación proporcionamos es una alternativa. Desde luego que toda oración produce un resultado dependiendo de la fe, creencia y convicción con que se hace. La fe es una actitud de nuestra mente, es la evidencia de las cosas que aún no vemos, por esta razón el Maestro Jesús nos dice: *"Cuando ores, cree que vas a recibir, y así será"*. No nos dice que oremos y a ver si resulta lo que queremos, sino que "vas a recibir y así será". O sea que al creer-lo verdaderamente, estamos poniendo nuestra fe y convicción en que ya es un hecho que recibiremos aquello por lo cual oramos. Por consiguiente, ora de la siguiente manera con mucha fe, creencia y convicción:

"YO RECONOZCO QUE LA ÚNICA PRESENCIA Y EL ÚNICO PODER QUE EXISTE EN EL UNIVERSO ES DIOS. Y YO, *(menciona tu nombre completo)* SOY UNO CON ESTE PODER. POR CONSIGUIENTE NO HAY SEPARACIÓN ENTRE DIOS Y YO, HAY SÓLO INDIVIDUALIDAD, PERO TODO ES UNA UNIDAD CON ÉL. YO AHORA ESTOY INMERSO EN ESTA MENTE INFINITA, LA CUAL ES TODO AMOR, BONDAD, SABIDURÍA Y PERFECCIÓN.

"EL PODER DIVINO DENTRO DE MÍ, AHORA REMUEVE Y ELIMINA DE MI SUBCONCIENCIA TODO PENSAMIENTO QUE SEA CONTRARIO A MI NATURALEZA ESPIRITUAL. YO AHORA CLAMO A LA GRAN MENTE UNIVERSAL, QUE ES EL PODER QUE TRASCIENDE Y DISUELVE CUALQUIER FALSA CREENCIA Y CONDICIÓN, Y ELLA ERRADICA DE MI MENTE SUBCONSCIENTE TODO LO QUE CONTRADIGA A MI BIENESTAR.

"TODO PENSAMIENTO DEL PASADO QUE DE UNA U OTRA FORMA SE HAYA ENCARNADO EN MÍ Y ESTÉ IMPIDIENDO LA PERFECCIÓN EN MI CUERPO, QUE ES EL TEMPLO DE DIOS EN MÍ, QUEDA DISUELTO POR ESTE GRAN PODER. AHORA SÓLO QUEDAN ESTABLECIDOS DENTRO

DE MI SUBCONCIENCIA LOS PENSAMIENTOS DE VIDA, SALUD, FELICIDAD, PERFECCIÓN E INTELIGRIDAD.

"MI CUERPO-TEMPLO, QUE ES DONDE RADICA EL ESPÍRITU DE DIOS EN MÍ, ESTÁ FORMADO DE SUSTANCIA DIVINA ESPIRITUAL LA CUAL ES ENERGÍA PURA Y PERFECTA. MI PENSAMIENTO, EL CUAL SOSTIENE Y MANTIENE LA PERFECCIÓN EN MI CUERPO, ESTÁ TODO EL TIEMPO CONSCIENTE DE SU PERFECCIÓN PORQUE ÉSTE VIENE A MÍ DE LA MENTE ÚNICA QUE ES DIOS.

"GRACIAS PADRE CELESTIAL POR HABERME CREADO A TU IMAGEN Y SEMEJANZA Y POR HABER REALIZADO AHORA LA PERFECCIÓN EN MI CUERPO, TU TEMPLO SANTO, EL CUAL MANIFIESTA VITALIDAD, FORTALEZA Y PERFECTO BALANCE Y EQUILIBRIO.

"YO AHORA LIBERO DE MI MENTE ESTA ORACIÓN ENTREGÁNDOSELA AL PODER CREATIVO EN MÍ, QUIEN SE HA HECHO CARGO DE SU MANIFESTACIÓN. YO ASÍ LO CREO Y LO ACEPTO CON GRATITUD, SABIENDO QUE ASÍ ES. AMÉN".

EL SALMO 23
METAFÍSICAMENTE INTERPRETADO

EL SEÑOR...

Significa la Ley Mental, la más alta frecuencia bajo la cual el hombre al utilizarla obtiene un resultado de acuerdo a su pensamiento.

ES MI PASTOR...

Esta Ley se hace cargo de mi cuerpo y de todos mis asuntos en la vida, dándome resultados de acuerdo a mi equivalente mental.

NADA ME FALTARÁ...

Siempre soy provisto de todo lo necesario para vivir una vida sin carencias ni limitaciones. Sólo mi pensar me puede limitar.

EN LUGARES DE VERDES PASTOS ME HACE DESCANSAR...

Me llena de Su paz y armonía manteniéndome en perfecto balance y equilibrio.

JUNTO A AGUAS TRANQUILAS ME GUÍA...

Aquieta las tormentas de mis sentimientos de ansiedad con Su paz.

ÉL RESTAURA MI ALMA...

Llega hasta los más profundos niveles de mi subconsciente y disuelve todas mis viejas creencias de enfermedad y limitaciones y Su naturaleza se graba en mí.

ME GUÍA POR SENDAS VERDADERAS...
Yo hago lo correcto en mi vida y en el servicio a otros.

POR AMOR DE SU NOMBRE...
Su naturaleza espiritual en mí.

AUNQUE ANDE EN VALLE DE SOMBRA DE
MUERTE...
El mundo exterior de miedos, influencias y sugestiones.

NO TEMERÉ MAL ALGUNO...
Nada que me limite vendrá a mí.

PORQUE TÚ ESTÁS CONMIGO...
Tú vives en mí y yo vivo en Ti.

TU VARA Y TU CAYADO ME INFUNDEN
ALIENTO...
Son mi protección y conocimiento de la Verdad para
que nada me perturbe.

PREPARAS MESA DELANTE DE MÍ...
Llenas todas mis necesidades.

EN PRESENCIA DE MIS ENEMIGOS...
El ego personal y las creencias negativas de la conciencia racial no podrán hacerme daño si Tú estás conmigo.

UNGES MI CABEZA CON ACEITE...
A Tu lado nada es demasiado bueno para mi sosteni-
miento espiritual.

MI COPA REBOSA COMO LA VIDA...

No sólo llenas mis necesidades, sino que me das siempre con abundancia de todo para compartir con los demás.

TU BONDAD Y MISERICORDIA ME SEGUIRÁN
TODOS LOS DÍAS DE MI VIDA...

El Bien absoluto, dondequiera que vaya, Él estará siempre ahí, colmándome de todo lo bueno.

Y MORARÉ EN LA CASA DEL SEÑOR DURANTE
NUMEROSOS DÍAS...

Yo viviré aquí en este plano, tanto tiempo como desee o necesite para cumplir mi misión; o bien hasta que decida partir. Mía es siempre la decisión.

CÓMO EXTRAER NUESTRA
HERENCIA DIVINA

Del mismo modo que heredamos de nuestros padres carnales una herencia material, asimismo heredamos de nuestro Padre Espiritual nuestra herencia que es lógicamente espiritual —cualidades y virtudes así como dones. Desde el momento mismo de nuestro nacimiento, nuestro Padre Celestial nos ha dado ya una parte de Su Vida. Y si realmente entendemos que Él es Espíritu, entonces nos estamos refiriendo a que nuestra vida es parte integral de lo que Él *Es* —Espíritu puro.

Seguramente tu has oído o sabes que algunos padres terrenales heredan a sus hijos aún en vida y que ellos empiezan a disfrutar de su herencia. De igual modo nuestro Padre Espiritual ya nos ha heredado todas Sus riquezas para que nosotros, Sus hijos, disfrutemos ahora de ellas. Y si no las hemos empezado a disfrutar es porque no las hemos reconocido ni reclamado, o quizá porque no lo sabíamos. Nunca es tarde para hacer nuestro reclamo ya que todo está dispuesto para que venga a nosotros lo que ya nos pertenece por derecho de nacimiento.

Si has estado viviendo con carencias y limitaciones, o si deseas incrementar lo que ya tienes, puedes hacerlo, siempre y cuando este aumento que deseas sea para sentirte más seguro financieramente en cuanto a tu abundancia y prosperidad y así poder contribuir al bienestar de otros sin ningún temor. Entonces te invitamos para que hagas la siguiente oración.

"YO RECONOZCO Y ACEPTO QUE SOY UN HIJO DE DIOS. POR LO TANTO HEREDERO DE TODAS SUS RIQUEZAS.

"YO AHORA RECLAMO MI DERECHO DIVINO PARA VIVIR CON ABUNDANCIA EN TODAS LAS ÁREAS DE MI VIDA.

"YO NUTRO LAS SEMILLAS DE ABUNDANCIA, PROSPERIDAD, ÉXITO, SALUD Y PAZ MENTAL EXISTENTES DENTRO DE MÍ.

"ELLAS CRECEN Y FLORECEN MARAVILLOSA Y ABUNDANTEMENTE ABASTECIÉNDOME DE TODO.

"ASIMISMO ELLAS SE EXPRESAN COMO SALUD EN MI CUERPO, RELACIONES ARMONIOSAS CON LAS PERSONAS QUE ME RODEAN Y AUMENTO EN MI CUENTA BANCARIA.

"CLARIDEZ MENTAL Y PAZ REINAN SIEMPRE CONMIGO MANTENIÉNDOME CON ÉXITO EN TODO LO QUE HAGO, DIGO O PIENSO.

"EL AMOR DIVINO ESTÁ SIEMPRE PRESENTE EN MIS RELACIONES Y ACTIVIDAD CREATIVA.

"YO ESTOY SIENDO ABUNDANTEMENTE ABASTECIDO EN TODAS FORMAS Y ÁREAS DE MI VIDA.

"NO HAY NINGUNA PARTE DE MI VIDA QUE
TENGA CARENCIAS NI LIMITACIONES.

"YO AHORA GOZO DE PROSPERIDAD,
ABUNDANCIA, ÉXITO, SALUD
Y PAZ MENTAL.

"TODO ESTÁ BIEN EN MI VIDA Y EN MI
MUNDO, POR LO CUAL ESTOY MUY
AGRADECIDO CON MI PADRE ESPIRITUAL
QUE ES DIOS.

"YO CREO TODO ESTO,
YO LO ACEPTO CON GRATITUD,
SABIENDO QUE ASÍ ES. AMÉN".

CÓMO ARMONIZARNOS
CON PERSONAS EN DESACUERDO

En ocasiones tenemos desacuerdos y, por consiguiente, desarmonía entre las personas con las cuales nos relacionamos. Hemos llegado a este mundo para sanar las cosas que no pudimos hacer con anterioridad. Ciencia de la Mente no afirma la existencia de la reencarnación, pero tampoco la rechaza. Se han escrito varios libros acerca de este hecho; hay muchas evidencias y posibilidades de que así sea. Por lo tanto, cada cual tiene la libertad de creer y hacer sus propias conjeturas.

Un hecho real es el siguiente: Catalina vivía con su hija Angelina y su mamá Juanita, quien era una persona de edad avanzada. Ellas vivían muy unidas y en completa paz y armonía. Como tenía que suceder, un día la nieta se casó. Pero pasaron cuatro años y no encargaba familia.

Un día le dice Juanita a su hija: "Sabes hija, me siento muy cansada. Me voy a preparar porque presiento que ya muy pronto voy a partir, pero antes quiero pedirte por favor que hables con Angelina y le digas que encargue familia. Yo quiero regresar nuevamente para estar con ustedes". Claro que Catalina no le dijo nada a su hija, porque ella ya le había dicho que no encargaría familia hasta que a su esposo Alberto le dieran el trabajo de planta para poder comprar su propia casa. Ya le habían comunicado que esto sería hasta el año siguiente.

Así se fue pasando el tiempo y Juanita hizo su transición en completa paz. Angelina y Alberto compraron su casa, pero ellos nunca supieron de la conversación que habían tenido Catalina y Juanita, ni ésta volvió a tocar el tema. Angelina encargó familia y tuvo una hermosa niña a la cual bautizaron con el nombre de Elizabeth.

Pasaron tres años y, un día, Angelina llevó a casa de su mamá a su hija porque tenía que hacer algunas diligencias y no tenía quien se la cuidara. Cuando Catalina regresó por su hija, al no verla le preguntó a su mamá que dónde estaba. Ella le contestó: "Está jugando en la sala con sus muñecas". Fue a la sala y no la encontró; empezó a gritarle por su nombre, "Betty" —así le llamaban de cariño. Al no tener respuesta empezó a preocuparse y, al oír los gritos, su mamá acudió para ayudarle a encontrarla.

La buscaron por toda la casa y la niña no estaba. Entonces le dijo Angelina a su mamá: "sólo nos falta buscarla en el sótano". "En el sótano no puede estar", le dijo su mamá, "porque siempre permanece cerrado con candado y la llave la tengo guardada en mi recámara". Al ir a revisar la puerta del sótano, grande fue la sorpresa para ambas, estaba abierta y sin candado. Entonces encendieron la luz para bajar las escaleras que daban al sótano y ahí estaba Betty. "Hija, ¿qué haces aquí?, ¿cómo bajaste y qué es lo que estás buscando en ese baúl?", le preguntó Angelina. La niña muy tranquila le contestó: "Busco unas cosas que dejé guardadas aquí". La abuela y la hija se quedaron paralizadas con la respuesta. El baúl pertenecía a Juanita, la bisabuela de Betty.

Entonces Catalina recordó lo que en una ocasión habían comentado ella y su mamá y se lo contó a su hija. A partir de esa experiencia, ellas empezaron a notar muchas cosas que Betty hacía y la facilidad con que encontraba las cosas, así como las respuestas que daba a sucesos del pasado cuando ellas conversaban.

Tú que crees, ¿será que realmente Juanita reencarnó en Betty? ¿Acaso todas estas cosas que pasaron fueron puras coincidencias o casualidades? La respuesta queda en el aire.

Lo que sí sabemos es que hasta ahora solamente un hombre ha trascendido la muerte y regresado nuevamente a la vida, inclusive lo hizo en el mismo cuerpo para que pudieran reconocerlo. Este hombre fue el gran maestro Jesús, el Cristo. Nos demostró que la vida que vivimos es una eterna y que no tenemos que morir para ser eternos porque ya lo somos —en espíritu. Su reconocimiento de la Vida eterna fue más allá de nuestra propia comprensión. Y para los más incrédulos y escépticos de su tiempo, como en los actuales, lo demostró con su máxima proeza de la resurrección. Él dominó la materia —lo humano— a tal grado que reencarnó en el mismo cuerpo que había sido maltratado por los romanos, porque sabía que era la forma más concreta para que lo pudieran reconocer de nuevo sus apóstoles y la gente que había estado con Él.

Jesús —que leía los pensamientos de Tomás, el más incrédulo del grupo—, le dijo: *"Dame tu mano y toca mi cuerpo y mis heridas"*. Entonces Tomás le respondió: "Es verdad, tú eres nuestro Maestro que ha regresado".

Retomando el principio de esta oración, si tienes alguna desarmonía en tus relaciones, es importante que te armonices contigo mismo y con esa persona o personas. Para nadie es fácil ver armonía donde hay desacuerdo o discordia. Es muy fá-cil amar a quien nos ama mas no a quien odiamos ¿verdad?

La siguiente oración es muy efectiva y de gran ayuda. Ha sido probada por muchos y tú lo comprobarás también si se la haces a esa persona que te está perturbando y con la cual has decidido armonizarte. Desde luego que al principio quizás te parezca ilógico lo que estás afirmando porque es todo lo contrario a lo que ella está expresando. No prestes atención si viene a tu mente el pensamiento que te dice: Lo que dices no es verdad. Tú continúa haciéndola diariamente cuantas veces puedas y, en menos de veintiún días, tendrás el resultado. Afirma o escribe muy calmadamente:

"YO RECONOZCO, ALABO Y BENDIGO AL SER INTERNO DE (menciona o escribe su nombre completo) Y LO LIBERO DE MI MENTE. ÉL (o ella) ES LIBRE Y YO SOY LIBRE TAMBIÉN.

"ANTE LA PRESENCIA DE DIOS, AMBOS SOMOS UNA UNIDAD CON ÉL. POR ESTA RAZÓN SOMOS SUS HIJOS QUERIDOS QUE VIVIMOS EN PAZ Y ARMONÍA.

"(Nuevamente menciona o escribe su nombre completo) TÚ ERES UN MARAVILLOSO HIJO DE DIOS, LLENO DEL AMOR DIVINO.

"YO SÉ QUE ESTE AMOR QUE TÚ IRRADIAS ES PODER CURATIVO QUE LO TOCA TODO Y LO CONVIERTE EN ARMONÍA.

"TÚ ERES MUY AMABLE, ATENTO, BONDADOSO, HONESTO Y SINCERO CONMIGO Y CON TODOS LOS DEMÁS.

"DENTRO DE TI EXISTEN SÓLO CUALIDADES Y VIRTUDES, Y ELLAS SE EXPRESAN AHORA A TRAVÉS DE TI.

"LA PAZ Y ARMONÍA ESTÁN CONTIGO,
CONMIGO Y CON TODOS LOS QUE
NOS RODEAN.

"GRACIAS DIOS MÍO POR PERMITIRNOS GOZAR
DE TU LUZ, DE TU AMOR Y DE TU PAZ.

"YO AHORA ENTREGO TODOS MIS ASUNTOS
AMOROSAMENTE AL PODER CREATIVO DENTRO
DE MÍ PARA QUE OBRE SOBRE ELLOS.

"LO HAGO CON LA CONFIANZA DE UN NIÑO,
SABIENDO QUE AQUELLO QUE ES PARA MI
SUPREMO BIEN, VIENE A MÍ SIN DIFICULTAD
ALGUNA Y SIN DEMORA.

"YO ACEPTO ESTA VERDAD,
YO LA CREO,
Y YO SÉ QUE ASÍ ES".

POR PROSPERIDAD PARA OTRO

Todos deseamos vivir prósperamente, pero, ¿qué significa para ti la palabra prosperidad? Para alguien puede significar tener una cuenta bancaria de varios miles o millones de pesos y así sentirse que es rico y próspero. Para otro, tener un yate privado le hará sentirse próspero, y a otro tener una radiante salud le hará sentirse feliz y próspero porque lo puede tener todo y a la vez disfrutarlo.

Entonces, en realidad prosperidad viene siendo un paquete balanceado. Tener salud, dinero suficiente para comprar lo que se desea como un yate, una mansión y vivir sin preocupaciones de ninguna clase. ¿Te parece esto razonable? Cuando oramos, tenemos que ser bien específicos y claros en nuestra demanda. El poder creativo dentro de nosotros requiere que en nuestra mente consciente haya una claridad y firmeza absoluta de nuestro deseo. Sobre todo, que tengamos fe de que eso que deseamos lo podemos aceptar como un hecho —aún antes de verlo—, sin argumentar cómo se realizará.

En el estudio que nosotros llevamos dentro de la Ciencia Mental, sabemos que la fe es una actitud de nuestra mente; es la evidencia de las cosas que aún no vemos manifestadas. Al hacer nuestra oración, estamos activando una ley mental que produce resultados de acuerdo con la calidad de nuestra fe. Cuando hablamos de calidad, nos referimos a la llamada "fe ciega" o absoluta. A esta fe nada la puede mover del punto de enfoque en que se ha puesto. Cuando hacemos una oración con esta clase de fe puesta en el deseo, inevitablemente vendrá el resultado apetecido.

Nosotros sugerimos a nuestros alumnos que primeramente deben procurar llenar los "vacíos" o faltas que puedan existir en sus vidas. Ellos deben hacer un balance de la vida que han vivido y la clase de vida que ahora quieren vivir. Si desean ayudar a otros, primeramente tienen que ayudarse a sí mismos, es decir, deben sanar la mayor parte de las carencias o limitaciones que puedan tener, ya que no pueden dar lo que no tienen. Hay una frase que dice, "Un ciego no puede guiar a otro ciego porque ambos se caerán", y esto es verdad. Les decimos todo esto porque cuando llegan a conocer esta Verdad, su entusiasmo crece y desean ayudar a todo mundo.

Por supuesto que hay excepciones, o sea, que hay personas que han evolucionado espiritualmente más que otras y a éstas sólo les falta una pequeña orientación para superarse más rápidamente. A esto también le llamamos "estados de conciencia".

Si deseas ayudar a alguien para que disfrute de la prosperidad que todos tenemos el derecho de gozar, entonces te sugerimos que hagas el siguiente Tratamiento Mental Espiritual u Oración Científica basado en los cinco pasos (Si deseas tener más información acerca del T. M. E., puedes encontrarla en el libro "Jesús el Gran Maestro Metafísico", editado por Grupo Editorial Tomo).

Antes de iniciar el Tratamiento, procura estar sentado lo más cómodo posible y avisa que nadie te interrumpa durante el tiempo que dure tu oración. Muy relajado, tranquilo, sereno y con mucha paz, prepárate para iniciar tu Tratamiento diciendo:

(1)... "YO RECONOZCO UNA SOLA PRESENCIA Y UN SOLO PODER EN EL UNIVERSO.

UNA SOLA VIDA, UN SOLO ESPÍRITU
EL CUAL ES DIOS.

"(2)... Y YO (*menciona tu nombre completo*) SOY UNO
CON DIOS. EN ESTA CONCIENCIA DE UNIDAD
CON LA ÚNICA PRESENCIA, PODER Y VIDA,
YA NO SOY YO, SINO EL ESPÍRITU DE LA VERDAD
EN MÍ QUIEN SE ESTÁ EXPRESANDO A TRAVÉS
DE MÍ, Y YO HABLO MI PALABRA POR: (*Menciona
el nombre de la persona*) AFIRMANDO QUE
TAMBIÉN ÉL (*o ella*) ES UNO CON DIOS.
AMBOS SOMOS UNA MISMA UNIDAD CON
ESTA FUENTE INAGOTABLE DE PROSPERIDAD
Y TODO LO BUENO.

"(3)... PADRE; YO SÉ QUE POR MÍ NADA PUEDO,
PERO CONTIGO TODO ES POSIBLE. YO AQUÍ
Y AHORA RECLAMO COMO UN DERECHO
DIVINO LA PROSPERIDAD, ABUNDANCIA,
RIQUEZA Y ÉXITO PARA (*nuevamente menciona
el nombre de la persona*). YO RECONOZCO Y
AGRADEZCO A LA SUSTANCIA DIVINA POR
HABERSE MANIFESTADO AHORA Y HABER
LLENADO CON ABUNDANCIA TODA FALTA EN
CUALQUIER ÁREA EN LA VIDA DE: (*Menciona Su
nombre*). ÉL (*o ella*) AHORA HA SIDO PROVISTO DE
TODAS LAS COSAS BUENAS QUE POR DERECHO
DIVINO LE CORRESPONDE TENER.

"EN SU MENTE NO HAY ESCASEZ NI
LIMITACIÓN, SÓLO PROSPERIDAD, ABUNDANCIA,
RIQUEZA Y ÉXITO. AHORA TODOS LOS CANALES

Y MEDIOS ESTÁN ABIERTOS Y RECEPTIVOS
PARA RECIBIR SU BIEN Y NADA PUEDE IMPEDIR
QUE ESTO SUCEDA.

"(4)... YO TE DOY GRACIAS DIOS, POR ESTA
FELIZ REALIZACIÓN DE LA PROSPERIDAD EN
TODAS LAS ÁREAS EN LA VIDA DE *(menciona
su nombre)*.

"(5)... CON ABSOLUTA CERTEZA Y CON LA FE
DE UN NIÑO, YO AHORA DEJO MIS PALABRAS
AL PODER CREATIVO UNIVERSAL PARA QUE
LO REALICE TODO EN SU FORMA NATURAL
Y EN EL TIEMPO CORRECTO QUE ÉL SABE.
YO ASÍ LO CREO Y LO ACEPTO CON GRATITUD,
SABIENDO QUE ASÍ ES. AMÉN".

PARTE III

TESTIMONIOS

Los testimonios son la realización de objetivos, deseos, anhelos o metas que todos nos hemos trazado en la vida. Quienes hemos llegado a Ciencia de la Mente (Organismo a nivel internacional cuya finalidad es contribuir al bienestar del ser humano), hemos aprendido a orar científicamente. Sabemos que toda oración tiene una respuesta porque a través de ella se ha puesto en acción una ley mental —la fe— y ésta a su vez acciona al poder creativo que hay en todos nosotros para dar el resultado. Este poder responde a nuestros pensamientos, creencias y fe. Ya sea el objetivo de nuestra fe real o falso, siempre obtendremos el resultado.

"Todas las cosas son posibles para aquel que cree", "De acuerdo a tu fe, así sea en ti", declaraciones que vienen en la Biblia y que fueron expresadas por Jesús. Sin duda alguna, él conocía perfectamente estas poderosas actitudes de nuestra mente y las usó para llevar a cabo las curaciones de quienes acudieron a él. Por lo tanto, la ley de la vida es creer, tener fe y estar convencidos de que aquello que deseamos ya es un hecho. Existen varios métodos, sistemas y técnicas que se utilizan para activar al poder interno, pero sólo hay un camino para la curación o sanación de condiciones, así como la manifestación de nuestros deseos; y este medio es la fe, creencia y convicción de cada cual.

También se le llama plegaria científica, súplica curativa, terapia mental o tratamiento mental espiritual. En realidad no importa el nombre que se le dé, el resultado es lo importante. Nosotros le llamamos, Tratamiento Mental Espiritual u Oración Científica. Este tratamiento u oración es una acción mental conjunta de nuestra mente consciente e inconsciente dirigida hacia un propósito específico y definido. Cuando nuestra actitud mental ha sido convincente y llena de fe, nuestra oración tendrá el éxito deseado.

Vamos a suponer que decidimos eliminar ciertas dificultades a través del tratamiento mental. "Vemos" o imaginamos en nuestra mente que no existe ninguna dificultad y eliminamos cualquier pensamiento negativo que pueda producir cualquier desorden ya sea físico o en nuestra vida —generalmente las falsas creencias originan estas cosas—, entonces formulamos nuestra petición, sabiendo que dentro de nosotros hay un poder e inteligencia infinita que movilizará sus fuerzas para sanarlo todo.

Si mantenemos firme esta creencia, cualquier temor desaparecerá. Nuestra convicción destruirá cualquier creencia errónea formada por nosotros en el pasado y nuestro deseo se manifestará.

Algunos alumnos del Instituto Ciencia de la Mente Monterrey nos han permitido publicar sus propios testimonios de las experiencias obtenidas después de haber aplicado los principios enseñados en este instituto. Ellos, al usar correctamente las oraciones, obtuvieron los siguientes resultados:

DIOS SIEMPRE NOS PROVEE DE TODO, INCLUYENDO DINERO

Cuando inicié mis estudios en esta filosofía de Ciencia de la Mente, no estaba muy convencido de los maravillosos resultados que podía obtener. En las primeras clases la maestra Alida, quien impartía una de ellas, nos comentó que ella se había iniciado en este estudio al obtener su curación de una enfermedad diagnosticada clínicamente incurable. Su primer maestro le indicó que si la ciencia médica no había podido curarla, que tomara la alternativa por medio de la oración. Al no tener opción siguió esta sugerencia y empezó a orar haciendo afirmaciones dando gracias por su salud —aún sin tenerla. Al principio, como a todos nos sucede, no creía en lo que estaba afirmando, pero continuó haciéndolo hasta que llegó el momento en el cual saturó a su mente de la verdad que estuvo diciendo, y su poder interno respondió a su fe y creencia dándole la salud.

También nos dijo que así como había obtenido la salud, este mismo poder me podía hacer realidad cualquier propósito o deseo, ya fuera sentimental, de salud o financiero. En ese momento yo estaba experimentando un atraso de aproximadamente siete años de adeudos que hasta entonces no me había sido posible liquidar. Sentía que cada vez me era más difícil lograr pagar mi adeudo, el cual ascendía cerca de los setenta mil pesos. Como mi trabajo es eventual —venta de casas y terrenos a comisión, así como diversos trámites— el dinero que percibía apenas alcanzaba para cubrir las necesidades básicas de mi hogar y la familia.

Este logro de la maestra me infundió ánimo y esperanza y empecé a hacer la siguiente oración afirmativa: "Gracias Dios por haberme mandado buenos negocios en los cuales me gané muy buenas cantidades de dinero. Magníficas comisiones con las cuales ya pagué lo que debía". Esta oración afirmativa la hacía cada vez que podía. Principiaba mi día haciéndola, cuando iba manejando mi carro, durante todo el día y antes de acostarme. En el transcurso de un mes realicé varias operaciones donde obtuve lo necesario para liquidar todos mis compromisos financiero y aún tenía un poco más.

Un año después contrajo matrimonio uno de mis hijos, el cual tenía que rentar una casa dónde vivir. Una de mis amistades, al comentarle lo de mi hijo me dijo: "¿Por qué no construyes un segundo piso en tu casa y así le haces a tu hijo unas recámaras donde pueda vivir?. Yo tengo algo de material que no ocupé en una construcción que hice y te lo regalo para que la inicies". Acepté con gratitud este regalo que yo sabía venía de Dios como respuesta a las afirmaciones que estuve haciendo para este propósito. La oración dice: "Gracias Dios porque continuas enviándome muy buenos negocios en los cuales me estoy ganando lo suficiente para hacerle a mi hijo un departamento donde pueda vivir". No cabe duda que Dios siempre escucha nuestras oraciones, y cuando las hacemos con sentimiento y fe, los resultados no se hacen esperar. Actualmente mi hijo, su esposa y su hijita están viviendo en la planta alta de nuestra casa.

Continué con mis estudios y empezamos a leer como libro de texto *Tú Puedes Vivir en la Prosperidad ¡Ahora!,* escrito por los maestros Alida y José L. Sosa. En el primer capítulo titulado Reconocimiento y Demostración, en la página 14, párrafo tres, dice una afirmación: "Yo (tu nombre), acepto con gratitud aquí y ahora el automóvil perfecto que merezco tener para realizar los trabajos de Dios que Él hace a través de mí". A petición de la maestra, todo el grupo la repetimos en voz alta siete veces. Aunque de momento no consideraba que fuera una prioridad para mi tener otro automóvil —yo tenía uno, aunque no en muy buenas condiciones, pero me estaba dando servicio—, sin embargo me dije: "¿Y por qué no aspirar a tener uno mejor?", e hice esta afirmación con mucho sentimiento y una gran expectativa.

Diez días después, un amigo me ofreció un automóvil de un modelo catorce años más nuevo que el mío. Me dijo que no le diera enganche y que se lo pagara como yo fuera pudiendo, que él no tenía prisa, además confiaba en mí. Entonces le propuse que se lo pagaría en cómodas mensualidades y así fue. Dios me siguió bendiciendo y ahora mi familia y yo lo estamos disfrutando.

Estas son sólo algunas de las muchas manifestaciones que hemos tenido mi esposa y yo en el transcurso de cinco años que llevamos estudiando esta maravillosa filosofía de Ciencia de la Mente. Hemos mejorado grandemente en cuanto a salud, armonía, prosperidad, buenas relaciones con nosotros mismos y con nuestra familia. Algunos de ellos también asisten a estas clases y gracias a Dios todos progresamos de diferentes maneras. Sabemos que nuestro Creador nos ha dado el maravilloso poder para elegir nuestra forma de vida, la cual venimos a disfrutar en este plano siendo Sus herederos, por lo tanto merecedores de lo mejor. Gracias a Dios, a mis maestros Alida y José, a mi esposa Magali, mis hijos y compañeros de clase, mi vida cambió cien por ciento para lo mejor.

Alfredo Cárdenas Villarreal

SANADO A TRAVÉS DE LA ORACIÓN CIENTÍFICA

Hace algún tiempo experimenté una serie de cambios personales, tanto en la salud como profesionales y económicos. Esto modificó de una forma tremenda y total el ritmo de mi vida. En ese lapso de tiempo cumplía mis 40 años de vida. Haciendo un trabajo en mi casa sufrí una caída de una escalera metálica golpeándome la pantorrilla derecha —debajo de la rodilla— lo cual me produjo una erisipela desencadenando con una úlcera en mi pierna. Los doctores me daban una serie de causas por las cuales se produjo una profunda y cavernosa perforación en mi pierna de aproximadamente 4 cm^2; entre ellas una infección altamente agresiva o por cuestiones vasculares, o bien nervios internos dañados. También podía ser cuestión glandular de una posible diabetes —la cual nunca he padecido. La infección parecía incontrolable a pesar de haber tomado una gran cantidad de antibióticos. Uno de los cirujanos afirmó que me estaría observando por los próximos cinco años, argumentando mi sobrepeso.

En esas fechas yo iniciaba mis estudios en el Instituto de Ciencia de la Mente invitado por mi novia —ahora mi esposa. Ella ya tenía tiempo asistiendo a clases. Asesorado por los maestros del propio instituto, Alida y José, pude descubrir que el origen del problema era yo con mi temor a los cambios que estaban surgiendo. Ahora sabía que mi temor se había reflejado en ese padecimiento. Sin embargo, no sentía que esos cambios fueran causa suficiente para desencadenar un problema de tal magnitud, por lo que fue necesario indagar un poco más profundo.

Un día meditando en esto, descubrí que en mi infancia asumí posturas autocompasivas al simular, "estoy cojito". Eran los miedos a los cambios los que me llevaron a fingir esta postura. Concluí que el temor de mi infancia, y el actual que estaba sintiendo, eran el resultado de lo que inconscientemente yo había dado como orden a mi mente subconsciente. Ella simplemente me estaba dando un resultado que me puso al borde de perder mi pierna.

Una vez descubierta la causa, trabajé conscientemente para erradicarla a través de la oración científica. Al consultar a un médico dermatólogo me dijo que mi problema en la pierna no era ni vascular ni endocrinológico, sino una infección causada por una oseomelitis. Con el nuevo medicamento que me recetó y el tratamiento mental espiritual que estuve haciendo, en dos meses estaba cicatrizada mi pierna. Cuando fui con el cirujano que decía me estaría atendiendo por los próximos cinco años, al ver mi pierna cicatrizada no lo podía creer.

A partir de esa "mágica" curación, no solamente sané de mi pierna, sino que todos mis demás asuntos fueron también sanados. Nuevas oportunidades de trabajo llegaron y económicamente me siento satisfecho. Ahora estoy abierto y receptivo para los nuevos cambios, sabiendo que estos serán siempre para mi mayor bien. Los temores ya no me perturban más porque ahora sé que con Dios, todas las cosas son posibles. Le doy gracias a mi Padre Celestial, a mis maestros Alida y José, porque a través de ellos encontré la Verdad que me liberó para siempre de las falsas creencias y limitaciones.

Rodolfo E. García Rdz.

REALMENTE FUNCIONA
LA ORACIÓN

Mi ingreso al Instituto Ciencia de la Mente sucedió en una forma inesperada. Ahora sé que nada es por casualidad, sino que todo es por una causalidad, o como también se dice, que cuando el alumno está listo aparece el maestro. Cierta ocasión, una compañera de trabajo me invitó a una fiesta de una amiga suya quien le había dicho que había oído hablar de mí y que me invitara. Esto me pareció un poco extraño, y como era muy desconfiada, al principio pensé negativamente. Como el día de la fiesta yo no tenía nada qué hacer, me dije: "Si Dios me está dando esta oportunidad para disfrutar, ha de ser para algo bueno, nada malo me puede pasar y sí tengo mucho que ganar", así es que acepté la invitación.

Cuando llegamos me presentaron a la amiga y ésta a su vez me presentó a una maestra. Empezamos a platicar y la maestra hablaba sobre metafísica, un tema que siempre me había interesado. Ella estaba pasando por un proceso de divorcio y según ella asistía a clases para poder superar esa experiencia. Como coincidíamos en mucho respecto a la metafísica, me hizo una invitación para que asistiera con ella a Ciencia de la Mente, por lo que me dio los datos cómo llegar a la escuela.

Invité a otra buena amiga para que fuéramos. Aunque un poco renuente la convencí diciéndole: "No tenemos nada qué hacer y a lo mejor sí mucho qué aprender. Nuestra primer clase fue gratis. Tan seguros estaban de lo que estaban enseñando que nos permitieron escuchar de nuevo la siguiente clase también sin pagar, y que si nos gustaba nos inscribiéramos. Tengo muy presente que en nuestra primer clase el maestro José nos preguntó: "¿Quién de ustedes desea ser próspero?" Inmediatamente todos levantamos nuestra mano afirmando: "¡Yooooo!" Entonces él nos dijo: "Lo que quiere decir que inconscientemente ninguno de ustedes cree que es próspero porque existe lo contrario, o sea, hay escasez o limitación en sus vidas. Generalmente asociamos la palabra prosperidad con riqueza financiera, pero esta palabra es muy amplia y puede significar también salud, felicidad, amor, relaciones, armonía, riqueza, paz, bienes, etcétera".

Empecé a practicar lo que estaba aprendiendo y mi primer demostración fue la siguiente: En mi trabajo yo estaba encargada de lo que llamamos la "caja chica". Un día no me cuadraba mi corte pues había un faltante. Por más que revisaba recibos y comprobantes de gastos una y otra vez, no aparecía el faltante. Un poco cansada y molesta decidí parar de buscar, algo dentro de mí me hacía sentir segura que de una u otra manera iba a salir mi corte correcto y me puse a orar. Hablé con Dios diciendo: "Tú sabes Padre que yo no he tomado nada que no me corresponda, por lo que te doy gracias por la ayuda que me darás para localizar este faltante". Llegó la hora de salida por la tarde y apenas llevaba una cuadra fuera de la oficina cuando de repente algo me impulsó a que parara mi carro y lo estacionara, lo cual hice. Entonces vino a mi mente, muy claramente, una ficha de depósito con un nombre, por lo que lo anoté en una libretita que siempre cargo conmigo para verificarlo al día siguiente. Cuál sería mi sorpresa al preguntarle a la persona que había anotado —Alicia—, quien me dijo que ella tenía el comprobante que me faltaba y que no me había pasado. Ya con éste me cuadró mi corte. Entonces nuevamente le di gracias a Dios por la respuesta que había obtenido. Cuando estamos enojados o molestos por algo, lo más conveniente es tranquilizarse para poder pensar qué debemos de hacer. Una persona enojada no puede pensar, solamente reacciona y lamentablemente lo hace en forma negativa. En cambio, cuando realmente pensamos, encontramos la solución al orar correctamente.

En otra ocasión, la maestra Alida en su clase nos dijo que hiciéramos el ejercicio del espejo, es decir, que nos viéramos en el espejo y que a la imagen que reflejaba éste le dijéramos algo bonito de nosotros. Aunque nunca lo había hecho, me pareció interesante y empecé a practicarlo. Diariamente me veía y decía: "Hoy estoy más bonita y atractiva para todos". Como al tercer día salí a comer con una compañera de trabajo y al llegar a una esquina y hacer el "Alto", cruzaron dos jóvenes diciendo: "Que bonita morenita". Entonces le dije a mi compañera, eso es para ti, a lo que me contestó: "no te hagas, es para ti, que no ves que yo soy blanca". Seguimos caminando y en eso se nos empareja un carro y también nos dicen: "Que morenita tan guapa". Entonces ya no dije nada pero pensé: "Sí funciona".

Una vez más queda comprobado que nuestras oraciones y afirmaciones funcionan, y como ya no estaba a gusto en el trabajo que estaba desempeñando, puse en práctica el tratamiento mental espiritual para encontrar un buen trabajo. Sabía que como hija de Dios, era mi derecho divino tener un buen trabajo donde pudiera estar contenta, desarrollar mis aptitudes y experiencias, y también que fuera bien remunerado. Para esto afirmaba: "Sé que en el mundo de Dios existe un trabajo perfecto para mí, el cual ya me está esperando. Este trabajo es bien remunerado, con derecho a todas las prestaciones de ley, así como aguinaldo, 30% de prima vacacional, 10% de bonos de despensa, utilidades y pago total de uniformes". Esto lo empecé a hacer en el mes de febrero y se me cumplió en julio, exactamente como lo había afirmado, con excepción del uniforme, pero se compensaba con el salario superior al que había solicitado, y en vez de una sola utilidad me daban dos, una nacional y la otra internacional, porque la compañía era extranjera.

Como Dios nos ama tanto y no quiere que estemos sin compañía, ni tarda ni perezosa hice mi tratamiento para encontrar a mi pareja perfecta. Precisamente en mi nuevo trabajo conocí a Rodolfo y empezamos una relación de amistad, luego de noviazgo donde nos identificarnos tanto que ahora es mi esposo. También cambié de modelo de carro, y todo esto sucedió en el mes de julio; buen trabajo, conocí a mi compañero y cambié de carro. No cabe duda que cuando estamos sintonizados con el Eterno Dador (Dios), todo nos llega en orden divino.

Aunque tengo más testimonios sólo quiero compartir contigo este otro. Antes de casarme no tenía tarjetas de crédito —y era muy importante contar aunque fuera con una para hacer reservaciones en hoteles y gastos imprevistos, etcétera. Anteriormente había tenido una, pero por circunstancias económicas no podía pagarla a tiempo y me la cancelaron; desde luego antes la pagué totalmente. Con mi nuevo salario sí podía tener una nueva, pero no la había solicitado porque sabía que mi crédito en el buró crediticio no era favorable. Entonces oré a Dios porque sabía que Él sí me podía dar el crédito que yo necesitaba. Desde luego que le dije que estaba consciente de mi anterior error y que estaba arrepentida por ello pero que esto ya era cosa del pasado y que no volvería a suceder.

Sabía que desde el momento en que nos perdonamos a nosotros mismos por los errores y faltas del pasado, Dios también nos perdona. Al terminar de hacer mi oración me vino a la mente "ve a Banamex" —siglas del Banco Nacional de México—, entonces hablé por teléfono a esta institución bancaria y, sin tener que ir personalmente, tomaron mis datos y en dos días yo tenía en mis manos la tarjeta de crédito aprobada. Posteriormente me llegaron otras dos, una de Bancomer y la otra de American Express sin siquiera solicitarlas. Verdaderamente Dios es muy generoso con nosotros y como ya lo dije, nuestro crédito siempre es bueno con Él. En el Banco Cósmico tenemos una cuenta enorme que en toda nuestra existencia no nos la vamos a acabar.

Yo te invito para que lo pongas a prueba tú también. Si me ha dado resultado a mí y a todos los que lo hemos hecho, tú no eres la excepción. Dios siempre nos está dando, ¿estás tú consciente para recibir? La Verdad es que Él está más dispuesto a darnos que nosotros a recibir. No se lo hagamos tan difícil. Acepta todo lo bueno que el universo tiene para ti y, *"Te será dado, en la medida que tú lo creas"*.

Alejandrina

DIOS SIEMPRE RESPONDE NUESTRAS ORACIONES

DESEABA QUE EL DÍA DE MI CUMPLEAÑOS FUERA UN DÍA ESPECIAL

Todos mis anteriores cumpleaños rara vez los festejaba. Generalmente ese día era para recordar todo lo que me faltaba. Realmente nunca me había sentido feliz en mi cumpleaños. Pero desde que entré a estudiar en Ciencia de la Mente las cosas fueron cambiando para mí, sobre todo aprendí a controlar mi actitud mental y ahora la puedo enfocar en lo que deseo y los resultados no se hacen esperar. He aprendido que uno es merecedor de todo lo bueno. Que nuestro Padre Celestial no nos limita ni retiene nada; somos nosotros los que interferimos para que la provisión o lo que queremos nos llegue. Así que, dos meses antes de cumplir años decidí que en esta ocasión tenía que ser muy especial para mí y me puse a trabajar en ello mentalmente, o sea orando.

Primero hice mi "Mapa del Tesoro", que es un método sencillo que parece un juego de niños pero que nos da un resultado maravilloso. Consiste en una cartulina del tamaño que se desee y poner recortes de fotografías a color de lo que quieres ver realizado. En la cartulina previamente preparada le puse globos multicolores, unos niños que tenían regalos en sus manos, una foto mía con un amigo en un restaurante en donde estábamos comiendo mariscos. Agregué la foto de un pastel, una flor, notas musicales y un mensaje en donde le daba gracias a Dios por mi feliz cumpleaños. Yo sabía que era Él quien me festejaba a Su manera. A diario veía mi mapa y en ocasiones escuchaba en mi equipo de sonido las "mañanitas con mariachi" y visualizaba que era el día de mi cumpleaños y que me estaban cantando a mí las mañanitas.

Y llegó el esperado día. Por la mañana recibí varias llamadas telefónicas felicitándome. En mi oficina mis compañeros de trabajo me dieron varios regalos y unas flores. Recibí una llamada en donde me pusieron las mañanitas con mariachi; me invitaron a comer mis amigas; por la noche en mi escuela mis maestros me regalaron un pastel el cual compartí con todos mis compañeros de estudio. Para cerrar con broche de oro, un amigo muy querido me invitó a cenar mariscos y pasé una velada muy agradable. No hubo nada que no se me concediera de lo que pedí. Dios a través de todas esas personas me dio lo que yo había deseado, sobre todo pasarla muy feliz. Gracias de nuevo querido Padre por todo Tu amor, el cual comparto con todos.

LA EMPRESA DONDE TRABAJABA ESTABA EN VENTA

Tenía dos años trabajando en una empresa como gerente de ventas. Un día nos anunciaron que estaban considerando la posibilidad de venderla. Esto fue motivo de alarma y pánico para todos los empleados, ya que significaba que perderíamos nuestro trabajo. En lugar de envolverme con pensamientos y sentimientos negativos como el miedo a perder mi trabajo, decidí tomar una actitud diferente. Me sentía disfrutar de lo que estaba haciendo. Me comprometí aún más con mis clientes y mi equipo de trabajo, y también bendecía a los dueños de la empresa y les daba gracias por el tiempo que me habían empleado. Daba gracias a la Sabiduría Divina para que los guiara y tomaran una decisión correcta. Igualmente bendecía a los compradores aunque aún no sabía quienes eran.

Así pasaron seis meses y al fin nos dieron el nombre de la empresa que nos había comprado pero sin despedir a nadie. Nos dieron tres meses para que se hiciera la integración. Durante ese tiempo había muchas especulaciones de lo que pasaría con los empleados y éstas no eran muy favorables. En lugar de ver como enemigos a la nueva empresa, yo seguía bendiciéndolos y deseándoles todo lo mejor en la compra que habían hecho. También adopté una actitud de alegría hacia el trabajo que estaba desempeñando y oraba de la siguiente manera día y noche: *"Soy valorada, apreciada y divinamente expresada. La Inteligencia Divina ahora me está abriendo la puerta perfecta para mi plena expresión; asimismo para desarrollar mis talentos creativos. Soy ricamente compensada por todo esto. Realizo que me buscan, soy necesitada y todos me quieren al igual que yo a ellos".*

Mi maestra Alida me ayudaba espiritualmente haciendo tratamientos para que todo se resolviera de acuerdo al Plan Divino. En uno de ellos decía: "En el Mundo de Dios no existe el desempleo... y daba gracias porque yo ya tenía el trabajo perfecto y muy bien remunerado".

Los tres meses se cumplieron y empezaron con la integración. A mí me dieron la noticia de que me quedaba, y además me daban un puesto más alto sin moverme de la ciudad. A la mayoría de la gente la liquidaron y yo empecé una nueva etapa en mi vida. Algo que me ha ayudado a que mi economía crezca es dar el diezmo. Yo regreso a Dios la décima parte de lo mucho que Él me da y lo hago con mucha gratitud. Yo sé que me funciona porque es una ley universal.

VIAJE A PARÍS

Yo tenía mucha ilusión de regresar a París, por lo que nuevamente usé el método del mapa del tesoro. Puse en mi mapa un recorte de París y diariamente le daba la atención necesaria, o sea, viéndome ya disfrutando de la Ciudad Luz. Hacía mi oración dando gracias a Dios porque todo lo necesario para la realización de mi viaje estaba en orden divino. Una semana después llegó a mi oficina un mensaje de la línea aérea Aero México informándome que las personas que tuvieran cuatro vuelos redondos del mes de agosto a octubre, se les regalarían 80,000 km para volar a donde uno eligiera. Estábamos precisamente en el mes de octubre y yo calificaba porque había realizado los cuatro viajes en ese lapso. Ahora ya tengo mi boleto para irme a París con un acompañante, pues además de este kilometraje yo había acumulado otro tanto. Y por último:

DESEABA SER ACEPTADA POR LAS PERSONAS QUE ME RODEABAN EN MI TRABAJO

Al ser de nuevo ingreso en la compañía, y con un puesto superior al de los demás, era un poco difícil integrarse a un grupo ya consolidado. A todos los bendecía mentalmente. Además, todas las mañanas y noches durante cinco minutos hacía el ejercicio de mirarse al espejo y platicar con la imagen que éste refleja —que es uno mismo. Me veía fijamente a los ojos y me decía lo maravillosa que soy; lo mucho que me amo; que todos me quieren y me cuidan. Que como hija de Dios, nadie puede rechazarme porque yo veo en ellos sólo lo bello y lo bueno, porque también son Sus hijos y si nuestra vida es la Vida de Dios sólo individualizada en cada uno, lógicamente que esta Vida no puede rechazarse a Sí Misma.

Hoy puedo decirles con sinceridad que amo a mi equipo de trabajo y ellos también me aman. Todos trabajamos unidos, en armonía y en paz, y por esta razón cada día hacemos mejor y mejor las cosas. Nos apoyamos mutuamente y nos alegramos por el triunfo de alguno, porque sabemos que su triunfo es el triunfo de todos. Conociendo cómo funciona la ley mental, sabemos que lo que sale de uno, siempre regresa a nosotros multiplicado.

Estos son sólo unos cuantos testimonios de lo que he logrado desde que estoy estudiando. Cada vez que enfrento un reto ya no me preocupo, ahora lo analizo detenidamente y si estoy segura de que lo puedo resolver, entonces no hay por qué preocuparse. Si por lo contrario, éste está fuera de mi control, entonces oro para que Dios me dé la idea o forma de arreglarlo si está en mí hacerlo; si no es así, entonces lo dejo en Sus manos para que Él con Su infinita sabiduría lo resuelva a Su manera y en el momento preciso que debe ser hecho.

Es maravilloso haber encontrado esta Verdad, la cual nos libera para siempre de todo sentido de separación de nuestro bien, así como de toda falsa creencia y sugestión. No me canso de agradecerle a Dios y a mis queridos maestros Alida y José por compartir conmigo y con todos sus alumnos esta Verdad.

Matilde

CON DIOS, TODO ES POSIBLE

Cuando llegué por primera vez a Ciencia de la Mente invitada por una muy buena amiga, a la cual le agradezco infinitamente, mi vida era muy próspera y tenía un matrimonio y una familia feliz. Tenía un magnífico negocio el cual nos permitía vivir con abundancia. Se puede decir que era todo tan perfecto que con mucha frecuencia yo pensaba y oraba a Dios para decirle que me daba demasiado y que no lo merecía. Ahora sé que de tanto estarlo decretando la respuesta no se hizo esperar, y repentinamente, casi sin darme cuenta, las cosas cambiaron dramáticamente. Mi matrimonio de casi treinta años comenzó a tener problemas. Surgieron conflictos con mis cinco hijos y las relaciones y el ambiente familiar se tornó difícil, muy violento.

El negocio de tanto tiempo también empezó con problemas. Fue tanto el estrés al que me sometía que mi salud física se deterioró y principié a padecer de hemorragias tan fuertes que ya no me permitían salir de mi casa. Al consultar con mi ginecólogo, y hacer las pruebas pertinentes, me diagnosticó siete tumores en la matriz, y que la cirugía era inmediata pues estaba a punto de entrar en una leucemia por la gran cantidad de sangre perdida. Entonces hablé con la maestra Alida, a quien nunca le había platicado de mis problemas familiares y le pedí que hiciera una oración por mi salud pues tenía que operarme. Entonces me sugirió que antes de tomar la decisión final de operarme, por qué no tomaba cuatro sesiones de terapia con ella y que se podía evitar la cirugía.

Así lo hice, y al terminar la primer cita, me sentí peor de como había llegado. La maestra me explicó que no me preocupara, que esto era natural, lo que aparentaba mal significaba bueno, porque era una lógica reacción de mi cuerpo para erradicar lo que estaba dañándome. En la segunda cita logré aligerar bastante mi carga mental y cuando salí me di cuenta de la forma tan maravillosa como actúa Dios a través de las personas. Las hemorragias cesaron y nunca más volví a padecerlas. Al concluir la tercera y cuarta cita con la maestra me sentía perfectamente saludable.

Entonces acudí con mi doctor y me volvió a practicar otro ecograma y no encontró ningún tumor, éstos habían desaparecido de mi matriz, por lo tanto no hubo necesidad de cirugía. Sorprendido el doctor por lo sucedido me preguntó qué otra cosa había tomado aparte de la medicina que me había recetado. Yo le respondí que solamente había orado, a lo que respondió: "Eso es lo que te sanó, pues en el examen no aparece nada".

Después de esta experiencia comprendí las enseñanzas de Ciencia de la Mente a través de los maestros. Entonces tomé la firme decisión de empezar a practicarlas y fue así como me fui preparando para enfrentar lo que me deparaba el futuro inmediato. La situación dentro de mi hogar se hizo más crítica. Mi esposo cambió dramáticamente, nuestra economía se deterioró severamente y el negocio se vino abajo. Un día sin yo sospechar nada, simplemente me dijeron que tenía que entregar mi casa. Mi esposo se fue y me dejó con mis cinco hijos, muchos problemas legales por resolver, sin nada de dinero y sin una casa dónde vivir. Prácticamente estábamos en la calle.

Con mi fe puesta en Dios, y sabiendo que Él jamás nos abandona, me fui a vivir con mis hijos al sótano de la casa de un hermano. A pesar de todas las adversidades yo no quería que mis hijos dejaran de estudiar y continuaron sus estudios en universidades privadas. Mis oraciones nunca he dejado de hacerlas y siempre tengo trabajo para solventar mis gastos.

Gracias a Dios, a las enseñanzas recibidas de mis maestros, descubrí que debemos de apoyarnos solo y únicamente en Dios. Ahora sé que el gran regalo que nuestro Padre Celestial nos ha dado está dentro de mí, que no tengo que buscar fuera lo que ya existe en mí. Este regalo es el poder para hacer los cambios necesarios y vivir de acuerdo a como Él quiere que vivamos; felices, sin carencias ni limitaciones.

De esto hace ya siete años y desde que empecé a practicar los principios que enseña Ciencia de la Mente las cosas fueron cambiando y siguen cambiando para lo mejor. Ahora con más aceptación, entusiasmo y fe, en mi camino sólo brilla la luz. Logré que cuatro de mis hijos terminaran sus carreras; la más pequeña aún está estudiando y próximamente será su graduación. Gracias a Dios ya compré mi casa en el lugar donde yo deseaba. Tengo dos años que emprendí un negocio propio y eso me ha permitido ir prosperando un poco más. Lo más importante para mí de todas estas experiencias que he vivido, es que no sólo yo logré conocer al Dios vivo que está dentro de mí, sino que mi familia al verme cómo cada día mejora mi vida y cómo he tenido tantos buenos resultados, que se interesaron en tomar también las clases. Y ahora somos parte de la gran familia que practica los principios que enseña Ciencia de la Mente.

La adversidad no la veamos como una tragedia, sino como la gran enseñanza para aprender, fortalecernos y templarnos. Si nos apoyamos siempre en Dios, el triunfo será nuestro y el éxito estará garantizado.

Nancy Molina

YO HABLO CON DIOS Y "ESCUCHO" SU RESPUESTA

Desde que inicié mis estudios en el Instituto de Ciencia de la Mente, también mi vida inició una nueva etapa de evolución espiritual. Mi esposo y yo asistimos a tomar las clases por un tiempo, luego le resultó un fuerte dolor de espalda que lo mantuvo en cama, por lo que tuve que dejar la escuela para poder atenderlo. Sin embargo, siempre me ha gustado esta filosofía y continué en casa practicando lo que había aprendido con los maestros Alida y José, codirectores del propio instituto.

Hace unos años nuestro hijo Alejandro deseaba comprar casa, pero como trabajaba por honorarios no calificaba para pedir un crédito hipotecario. Entonces le propuse que yo compraría la casa y que él la fuera pagando mensualmente. Así acordamos y procedí a pedir un crédito bancario pagando en efectivo como anticipo una parte y el resto mediante documentos mensuales. Así se estuvo pagando puntualmente durante cinco años. Luego se vino una fuerte devaluación de nuestra moneda y todos los créditos hipotecarios se reestructuraron aumentando nuestra deuda casi tres veces más.

A mi esposo se le detectó un tumor en la columna y al examinarlo resultó ser maligno. Esto ocasionó un mieloma múltiple, o sea, cáncer en la médula quedando completamente inválido de la cintura hacia abajo. Estuvo bajo tratamiento y rehabilitación y poco a poco lo enseñaron a caminar aún sin sentir los pies. A causa de su enfermedad e incapacidad, el Seguro Social lo pensionó.

Mi hijo me comunicó que había ahorrado cierta cantidad de dinero y que deseaba pagar la hipoteca porque los réditos estaban subiendo mucho, pues sólo se estaba pagando sobre los réditos y nada se abonaba al capital solicitado, que en realidad ya se había pagado. Entonces le dije que me iba a informar en el banco para saber el total del adeudo. Una mañana tranquilamente estaba cepillándome los dientes para irme al trabajo mientras hacía mentalmente mi oración. Suspiré profundamente y le dije a Dios: "Ilumíname Padre, qué debo de hacer".

De pronto sentí y oí que me contestaba Dios diciéndome: "Lleva los papeles de la pensión de tu esposo". Como no comprendí el mensaje volví a preguntar: "¿Qué tiene que ver la pensión de mi esposo?" Volví a escuchar la respuesta: "Recuerda que José Luis firmó como Aval Solidario". Entonces salí corriendo hasta donde estaba José Luis (mi esposo) y le dije lo que había hablado con Dios. Enseguida me dijo: "vamos al banco y llevemos toda la papelería relacionada con mi pensión, quizá por mi incapacidad se pueda hacer algo".

Al salir de mi trabajo fui por mi esposo y me acompañó al banco. Solicitamos hablar con el gerente de hipotecarios y le mostramos toda la papelería preguntándole si mi esposo, como incapacitado y pensionado por el Seguro Social, podría obtener un descuento para pagar la deuda. El gerente se nos quedó viendo y nos dijo: "No, un descuento no. Vamos a solicitar al Seguro Social de México la cancelación del crédito al cien por ciento, o sea que quede finiquitado el crédito. Desde luego que esto tomará un tiempo, pero hay muchas posibilidades de que sí se les conceda".

Yo seguía orando: "Gracias Dios porque Tu justicia divina se ha manifestado en esta situación. Sé que donde Tú decides, nadie sale perjudicado". También decía esta afirmación: "El fallo de la hipoteca con el banco se dictará de acuerdo al Orden Divino". La decía cuantas veces podía y esto me daba confianza y seguridad de que estando todo en manos de Dios, todo estaba bien. El banco envió la solicitud a la Ciudad de México en marzo, y en los primeros días de junio llegó la respuesta. Cuando nos habló el gerente del banco para darnos la noticia del fallo, en ese momento podía asegurar que todo estaba resuelto satisfactoriamente. Y efectivamente así fue. Nos dijo: "Se decidió que ya no se debe nada, su cuenta queda liquidada".

Nuevamente agradecí a Dios porque sé que fue Él a través de la institución del Seguro Social y del Banco quien nos concedió este regalo. Cuando nos sintonizamos con Dios, Él siempre escucha nuestra oración y complace nuestros deseos, pues como dice el Maestro Jesús: "Es el placer del Padre, daros el reino". Yo no tengo ninguna duda de que esto es así.

Yo necesitaba una camioneta nueva y me gustaba mucho una "Tracker", por su tamaño y facilidad para estacionarse. Además por la enfermedad de mi esposo, tenía que llevarlo al hospital periódicamente y como la camioneta que teníamos no era de modelo reciente, en ocasiones no encendía el motor, tenía fallas. Platicando con Dios, una noche le dije: "Padre; Tú sabes lo que necesito porque Eres Todo-sabiduría. Gracias por mi camioneta Tracker". Escuché muy clarito: "Inténtalo". Ya me había enterado que a través del Seguro Social donde prestaba mis servicios —ahorita estoy jubilada—, daban créditos para compra de carro y ya había considerado esta posibilidad por lo que con esta respuesta de "inténtalo", al día siguiente hice mi solicitud y, en menos de un mes, obtuve mi camioneta exactamente del color que quería.

Me sentía inmensamente feliz porque Dios siempre contestaba mis oraciones, y en ocasiones la respuesta era inmediata. Con mi camioneta nueva llevaba a sus terapias de rehabilitación a mi esposo y le daba ánimo para que caminara pronto. Un día le dije, si te recuperas pronto tendrás tu camioneta nueva o carro, lo que prefieras. Mientras tanto yo solicité un autofinanciamiento en una compañía local y me aceptaron el crédito. Para entonces ya mi esposo había mejorado mucho y hasta podía manejar. Entonces fuimos y él escogió una camioneta pick-up blanca. Así, cada quien tenía su propia camioneta. Le doy gracias a Dios porque le dio la oportunidad a mi esposo de tener su camioneta último modelo y disfrutarla por un año antes de su fallecimiento.

Mi constante comunicación con Dios y el apoyo de mis compañeros de la oficina, así como de los maestros y compañeros de clases, gracias a esto pude superar mi nueva experiencia de la separación física de mi esposo. Creo que él ya sabía que su enfermedad era incurable y en lugar de luchar contra la enfermedad oraba todas las noches pidiéndole a Dios por un buen momento cuando le llegara el instante de partir. Considero esto porque se quedó dormido y no despertó más. Estoy casi segura que esto lo hizo por el amor que sentía hacia mí, para no verme sufrir, ya que consideraba que era un problema para mí, lo había expresado algunas veces, a pesar de que yo le decía que no dijera eso porque no era verdad. Dentro de mis posibilidades siempre le di la atención debida y lo hice también por amor. Una vez más le doy gracias a Dios, a mis maestros Alida y José por sus enseñanzas.

Berta Morales Peña

TÍTULOS DE ESTA COLECCIÓN

Impreso en los talleres de
MUJICA IMPRESOR, S.A. DE C.V.
Calle Camelia No. 4, Col. El Manto,
Deleg. Iztapalapa, México, D.F.
Tel: 5686-3101.